TRANZLATY

El idioma es para todos

زبان سب کے لیے ہے۔

El Manifiesto Comunista

کمیونسٹ منشور

Karl Marx

&

Friedrich Engels

اردو / Español

Copyright © 2025 Tranzlaty
All rights reserved.
Published by Tranzlaty
ISBN: 978-1-80572-445-2
Original text by Karl Marx and Friedrich Engels
The Communist Manifesto
First published in 1848
www.tranzlaty.com

Introducción
تعارف

Un fantasma acecha a Europa: el fantasma del comunismo

کمیونزم کا بھوت یورپ کو پریشان کر رہا ہے

Todas las potencias de la vieja Europa han entrado en una santa alianza para exorcizar este fantasma

پرانے یورپ کی تمام طاقتوں نے اس بھوت کو ختم کرنے کے لئے ایک مقدس اتحاد میں شمولیت اختیار کی ہے۔

El Papa y el Zar, Metternich y Guizot, los radicales franceses y los espías de la policía alemana

پوپ اور زار، میٹرنیچ اور گیزوٹ، فرانسیسی بنیاد پرست اور جرمن پولیس جاسوس

¿Dónde está el partido en la oposición que no ha sido tachado de comunista por sus adversarios en el poder?

اپوزیشن میں وہ پارٹی کہاں ہے جسے اقتدار میں موجود اس کے مخالفین نے کمیونسٹ قرار نہیں دیا ہے؟

¿Dónde está la Oposición que no haya devuelto el reproche de marca al comunismo contra los partidos de oposición más avanzados?

وہ اپوزیشن کہاں ہے جس نے زیادہ ترقی یافتہ اپوزیشن جماعتوں کے خلاف کمیونزم کی برانڈنگ کی مذمت نہیں کی؟

¿Y dónde está el partido que no ha hecho la acusación contra sus adversarios reaccionarios?

اور وہ پارٹی کہاں ہے جس نے اپنے رجعتی مخالفین پر الزام نہیں لگایا؟

Dos cosas resultan de este hecho

اس حقیقت سے دو چیزیں نکلتی ہیں

I. El comunismo es ya reconocido por todas las potencias europeas como una potencia en sí misma

کمیونزم کو پہلے ہی تمام یورپی طاقتوں نے خود کو ایک طاقت کے طور پر تسلیم کیا ہے۔

II. Ya es hora de que los comunistas publiquen abiertamente, a la vista de todo el mundo, sus puntos de vista, sus objetivos y sus tendencias

اب وقت آگیا ہے کہ کمیونسٹ پوری دنیا کے سامنے کھل کر اپنے خیالات، مقاصد اور رجحانات کو شائع کریں۔

deben hacer frente a este cuento infantil del Espectro del Comunismo con un Manifiesto del propio partido

انہیں خود پارٹی کے منشور کے ساتھ کمیونزم کے سپیکٹر کی اس نرسری کہانی کا سامنا کرنا ہوگا۔

Con este fin, comunistas de diversas nacionalidades se han reunido en Londres y han esbozado el siguiente Manifiesto

اس مقصد کے لیے مختلف قومیتوں کے کمیونسٹ لندن میں جمع ہوئے اور مندرجہ ذیل منشور تیار کیا۔

El presente manifiesto se publicará en inglés, francés, alemán, italiano, flamenco y danés

یہ منشور انگریزی، فرانسیسی، جرمن، اطالوی، فلیمش اور ڈینش زبانوں میں شائع کیا جانا ہے۔

Y ahora se publicará en todos los idiomas que ofrece Tranzlaty

اور اب اسے ان تمام زبانوں میں شائع کیا جانا ہے جو ٹرانزلیٹی پیش کرتا ہے۔

La burguesía y los proletarios
بورژوا اور پرولتاریہ

La historia de todas las sociedades existentes hasta ahora es la historia de las luchas de clases

اب تک موجود تمام معاشروں کی تاریخ طبقاتی جدوجہد کی تاریخ ہے۔

Hombre libre y esclavo, patricio y plebeyo, señor y siervo, maestro de gremio y oficial

فری مین اور غلام، پیٹریشین اور پلیبیین، مالک اور سرف، گلڈ ماسٹر اور سفر کرنے والا

en una palabra, opresor y oprimido

ایک لفظ میں ظالم اور مظلوم

Estas clases sociales estaban en constante oposición entre sí

یہ سماجی طبقات ایک دوسرے کی مسلسل مخالفت میں کھڑے تھے۔

Llevaron a cabo una lucha ininterrumpida. Ahora oculto, ahora abierto

انہوں نے بلا تعطل لڑائی جاری رکھی۔ اب پوشیدہ، اب کھلا

una lucha que terminó en una reconstitución revolucionaria de la sociedad en general

ایک ایسی لڑائی جو یا تو بڑے پیمانے پر معاشرے کی انقلابی تشکیل نو میں ختم ہوئی۔

o una lucha que terminó en la ruina común de las clases contendientes

یا ایک ایسی لڑائی جو متحارب طبقوں کی مشترکہ تباہی میں ختم ہوئی۔

Echemos la vista atrás a las épocas anteriores de la historia

آئیے تاریخ کے پرانے ادوار پر نظر ڈالتے ہیں۔

Encontramos casi en todas partes una complicada organización de la sociedad en varios órdenes

ہم تقریبا ہر جگہ مختلف احکامات میں معاشرے کا ایک پیچیدہ انتظام پاتے ہیں۔

Siempre ha habido una múltiple gradación de rango social

سماجی رتبے میں ہمیشہ کئی گنا اضافہ ہوا ہے۔

En la antigua Roma tenemos patricios, caballeros, plebeyos, esclavos

قدیم روم میں ہمارے پاس پیٹریشیئن، نائٹس، پلیبیینز، غلام تھے۔

en la Edad Media: señores feudales, vasallos, maestros de gremios, oficiales, aprendices, siervos

قرون وسطی میں: جاگیردار، جاگیردار، گلڈ ماسٹر، سفر کرنے والے تربیت یافتہ، سرف

En casi todas estas clases, de nuevo, las gradaciones subordinadas

ان میں سے تقریبا سبھی طبقوں میں، ایک بار پھر، ماتحت درجہ بندی

La sociedad burguesa moderna ha brotado de las ruinas de la sociedad feudal

جدید بورژوازی معاشرہ جاگیردارانہ معاشرے کے کھنڈرات سے ابھر کر سامنے آیا ہے۔

Pero este nuevo orden social no ha eliminado los antagonismos de clase

لیکن اس نئے سماجی نظام نے طبقاتی دشمنیوں کو ختم نہیں کیا ہے۔

No ha hecho más que establecer nuevas clases y nuevas condiciones de opresión

لیکن اس نے نئے طبقات اور جبر کے نئے حالات قائم کیے ہیں۔

Ha establecido nuevas formas de lucha en lugar de las antiguas

اس نے پرانی جدوجہد کی جگہ جدوجہد کی نئی شکلیں قائم کی ہیں۔

Sin embargo, la época en la que nos encontramos posee un rasgo distintivo

تاہم، جس دور میں ہم خود کو پاتے ہیں اس میں ایک خاص خصوصیت ہے۔

la época de la burguesía ha simplificado los antagonismos de clase

بورژوازی کے دور نے طبقاتی دشمنیوں کو آسان بنا دیا ہے

La sociedad en su conjunto se divide cada vez más en dos grandes campos hostiles

مجموعی طور پر معاشرہ زیادہ سے زیادہ دو بڑے دشمن کیمپوں میں تقسیم ہوتا جا رہا ہے۔

dos grandes clases sociales enfrentadas directamente: la burguesía y el proletariado

دو عظیم سماجی طبقات براہ راست ایک دوسرے کے آمنے سامنے ہیں: بورژوازی اور پرولتاریہ

De los siervos de la Edad Media surgieron los burgueses de las primeras ciudades

قرون وسطیٰ کے سرداروں سے ابتدائی قصبوں کے چارٹرڈ برگر ابھرے۔

A partir de estos burgueses se desarrollaron los primeros elementos de la burguesía

ان برجوں سے بورژوازی کے پہلے عناصر تیار ہوئے۔

El descubrimiento de América y el doblamiento del Cabo

امریکہ کی دریافت اور کیپ کا چکر لگانا

estos acontecimientos abrieron un nuevo terreno para la burguesía en ascenso

ان واقعات نے ابھرتی ہوئی بورژوازی کے لئے ایک نئی زمین کھول دی۔

Los mercados de las Indias Orientales y China, la colonización de América, el comercio con las colonias

مشرقی ہند اور چینی منڈیاں، امریکہ کی نوآبادیات، کالونیوں کے ساتھ تجارت

el aumento de los medios de cambio y de las mercancías en general

تبادلے کے ذرائع اور عام طور پر اجناس میں اضافہ

Estos acontecimientos dieron al comercio, a la navegación y a la industria un impulso nunca antes conocido

ان واقعات نے تجارت، نیوی گیشن اور صنعت کو ایک ایسا جذبہ دیا جو پہلے کبھی معلوم نہیں تھا۔

Dio un rápido desarrollo al elemento revolucionario en la tambaleante sociedad feudal

اس نے جاگیردارانہ معاشرے میں انقلابی عنصر کو تیزی سے ترقی دی۔

Los gremios cerrados habían monopolizado el sistema feudal de producción industrial

بند انجمنوں نے صنعتی پیداوار کے جاگیردارانہ نظام پر اجارہ داری قائم کر رکھی تھی۔

Pero esto ya no bastaba para satisfacer las crecientes necesidades de los nuevos mercados

لیکن یہ اب نئی مارکیٹوں کی بڑھتی ہوئی ضروریات کے لئے کافی نہیں ہے

El sistema manufacturero sustituyó al sistema feudal de la industria

مینوفیکچرنگ سسٹم نے صنعت کے جاگیردارانہ نظام کی جگہ لے لی۔

Los maestros de gremio fueron empujados a un lado por la clase media manufacturera

گلڈ ماسٹرز کو مینوفیکچرنگ مڈل کلاس نے ایک طرف دھکیل دیا

La división del trabajo entre los diferentes gremios corporativos desapareció

مختلف کارپوریٹ انجمنوں کے درمیان مزدوروں کی تقسیم غائب ہو گئی

La división del trabajo penetraba en cada uno de los talleres

مزدوروں کی تقسیم ہر ایک ورکشاپ میں داخل ہوئی

Mientras tanto, los mercados seguían creciendo y la demanda seguía aumentando

دریں اثنا، مارکیٹوں میں مسلسل اضافہ ہوتا رہا، اور مانگ میں مسلسل اضافہ ہوتا رہا

Ni siquiera las fábricas bastaban para satisfacer las demandas

یہاں تک کہ فیکٹریاں بھی اب مطالبات کو پورا کرنے کے لئے کافی نہیں ہیں

A partir de entonces, el vapor y la maquinaria revolucionaron la producción industrial

اس کے بعد بھاپ اور مشینری نے صنعتی پیداوار میں انقلاب برپا کر دیا۔

El lugar de la manufactura fue ocupado por el gigante, la Industria Moderna

اس کی تیاری کی جگہ جدید صنعت نے لے لی تھی۔

El lugar de la clase media industrial fue ocupado por millonarios industriales

صنعتی متوسط طبقے کی جگہ صنعتی کروڑ پتیوں نے لے لی

el lugar de los jefes de ejércitos industriales enteros fue ocupado por la burguesía moderna

تمام صنعتی افواج کے رہنماؤں کی جگہ جدید بورژوازی نے لے لی۔

el descubrimiento de América allanó el camino para que la industria moderna estableciera el mercado mundial

امریکہ کی دریافت نے جدید صنعت کے لئے عالمی مارکیٹ قائم کرنے کی راہ ہموار کی

Este mercado dio un inmenso desarrollo al comercio, la navegación y la comunicación por tierra

اس مارکیٹ نے تجارت، نیویگیشن اور زمینی راستے سے مواصلات کو بے پناہ ترقی دی۔

Este desarrollo ha repercutido, en su momento, en la extensión de la industria

اس پیش رفت نے، اپنے وقت میں، صنعت کی توسیع پر رد عمل ظاہر کیا ہے

Reaccionó en proporción a cómo se extendía la industria, y cómo se extendían el comercio, la navegación y los ferrocarriles

اس نے اس تناسب سے رد عمل ظاہر کیا کہ کس طرح صنعت کی توسیع ہوئی ، اور تجارت ، نیویگیشن اور ریلوے کو کس طرح بڑھایا گیا۔

en la misma proporción en que la burguesía se desarrolló, aumentó su capital

بورژوازی نے جس تناسب سے ترقی کی، اسی تناسب سے انہوں نے اپنے سرمائے میں اضافہ کیا۔

y la burguesía relegó a un segundo plano a todas las clases heredadas de la Edad Media

اور بورژوازی کو اس پس منظر میں دھکیل دیا گیا جو قرون وسطیٰ سے ہر طبقے کو دیا گیا تھا۔

por lo tanto, la burguesía moderna es en sí misma el producto de un largo curso de desarrollo

لہذا جدید بورژوازی بذات خود ترقی کے ایک طویل سفر کی پیداوار ہے۔

Vemos que es una serie de revoluciones en los modos de producción y de intercambio

ہم دیکھتے ہیں کہ یہ پیداوار اور تبادلے کے طریقوں میں انقلابات کا ایک سلسلہ ہے

Cada paso de la burguesía desarrollista iba acompañado de un avance político correspondiente

ہر ترقیاتی بورژوازی قدم کے ساتھ اسی طرح کی سیاسی پیش رفت بھی ہوتی تھی۔

Una clase oprimida bajo el dominio de la nobleza feudal

جاگیردارانہ اشرافیہ کے زیر اثر ایک مظلوم طبقہ

una asociación armada y autónoma en la comuna medieval

میڈیاویل کمیون میں ایک مسلح اور خود مختار ایسوسی ایشن

aquí, una república urbana independiente (como en Italia y
Alemania)

یہاں، ایک آزاد شہری جمہوریہ)جیسا کہ اٹلی اور جرمنی میں(

allí, un "tercer estado" imponible de la monarquía (como en
Francia)

وہاں ، بادشاہت کی ایک قابل ٹیکس "تیسری جائیداد")جیسا کہ فرانس
میں(

posteriormente, en el período de fabricación propiamente
dicho

اس کے بعد، مناسب تیاری کی مدت میں

la burguesía servía a la monarquía semifeudal o a la
monarquía absoluta

بورژوازی نے یا تو نیم جاگیردارانہ یا مطلق بادشاہت کی خدمت کی۔

o la burguesía actuaba como contrapeso contra la nobleza

یا بورژوازی نے اشرافیہ کے خلاف جوابی کارروائی کے طور پر کام
کیا۔

y, de hecho, la burguesía era una piedra angular de las
grandes monarquías en general

اور درحقیقت بورژوازی عام طور پر عظیم بادشاہتوں کا ایک کونے کا
پتھر تھا۔

pero la industria moderna y el mercado mundial se
establecieron desde entonces

لیکن اس کے بعد سے جدید صنعت اور عالمی مارکیٹ نے خود کو قائم
کیا۔

y la burguesía ha conquistado para sí el dominio político
exclusivo

اور بورژوازی نے اپنے لیے مخصوص سیاسی غلبہ حاصل کر لیا ہے۔

logró esta influencia política a través del Estado
representativo moderno

اس نے جدید نمائندہ ریاست کے ذریعے یہ سیاسی غلبہ حاصل کیا۔

Los ejecutivos del Estado moderno no son más que un
comité de gestión

جدید ریاست کے ایگزیکٹوز صرف ایک انتظامی کمیٹی ہیں

y manejan los asuntos comunes de toda la burguesía

اور وہ پورے بورژوازی کے مشترکہ معاملات کا انتظام کرتے ہیں۔

La burguesía, históricamente, ha desempeñado un papel muy revolucionario

بورژوازی نے تاریخی طور پر سب سے زیادہ انقلابی کردار ادا کیا ہے۔

Dondequiera que se impuso, puso fin a todas las relaciones feudales, patriarcales e idílicas

جہاں کہیں بھی اسے بالادستی حاصل ہوئی، اس نے تمام جاگیردارانہ، پدرشاہی اور مکروہ تعلقات کا خاتمہ کر دیا۔

Ha roto sin piedad los abigarrados lazos feudales que unían al hombre con sus "superiores naturales"

اس نے ان جاگیردارانہ رشتوں کو بری طرح توڑ دیا ہے جو انسان کو اس کے "فطری بزرگوں "سے باندھتے ہیں۔

y no ha dejado ningún nexo entre el hombre y el hombre, más allá del puro interés propio

اور اس نے ننگے ذاتی مفادات کے علاوہ انسان اور انسان کے درمیان کوئی گٹھ جوڑ نہیں چھوڑا ہے۔

Las relaciones del hombre entre sí se han convertido en nada más que un cruel "pago en efectivo"

انسان کے ایک دوسرے کے ساتھ تعلقات بے رحمی "نقد ادائیگی "سے زیادہ کچھ نہیں بن گئے ہیں۔

Ha ahogado los éxtasis más celestiales del fervor religioso

اس نے مذہبی جوش و خروش کے سب سے زیادہ آسمانی جوش و خروش کو غرق کر دیا ہے۔

ha ahogado el entusiasmo caballeresco y el sentimentalismo filisteo

اس نے شائستہ جوش و خروش اور فلسفیانہ جذباتیت کو غرق کر دیا ہے۔

ha ahogado estas cosas en el agua helada del cálculo egoísta

اس نے ان چیزوں کو مغرور حساب کے برفیلے پانی میں غرق کر دیا ہے

Ha resuelto el valor personal en valor de cambio

اس نے ذاتی قدر کو قابل تبادلہ قدر میں حل کیا ہے

Ha sustituido a las innumerables e imprescriptibles libertades estatutarias

اس نے بے شمار اور ناقابل تسخیر چارٹرڈ آزادیوں کی جگہ لے لی ہے۔

y ha establecido una libertad única e inconcebible; Libre cambio

اور اس نے ایک واحد، ناقابل تسخیر آزادی قائم کی ہے۔ آزاد تجارت

En una palabra, lo ha hecho para la explotación

ایک لفظ میں، اس نے استحصال کے لئے ایسا کیا ہے

explotación velada por ilusiones religiosas y políticas

استحصال مذہبی اور سیاسی غلط فہمیوں سے ڈھکا ہوا ہے

explotación velada por una explotación desnuda, desvergonzada, directa, brutal

ننگے، بے شرم، براہ راست، سفاکانہ استحصال سے ڈھکا ہوا استحصال

la burguesía ha despojado de la aureola a todas las ocupaciones anteriormente honradas y veneradas

بورژوازی نے پہلے سے ہر قابل احترام اور قابل احترام پیشے سے ہالہ کو چھین لیا ہے۔

el médico, el abogado, el sacerdote, el poeta y el hombre de ciencia

طبیب، وکیل، پادری، شاعر اور سائنس کا آدمی

Ha convertido a estos distinguidos trabajadores en sus trabajadores asalariados

اس نے ان ممتاز مزدوروں کو اپنے اجرت والے مزدوروں میں تبدیل کر دیا ہے۔

La burguesía ha rasgado el velo sentimental de la familia

بورژوازی نے خاندان سے جذباتی پردے کو توڑ دیا ہے

y ha reducido la relación familiar a una mera relación monetaria

اور اس نے خاندانی تعلقات کو محض پیسے کے رشتے تک محدود کر دیا ہے۔

el brutal despliegue de vigor en la Edad Media que tanto admiran los reaccionarios

قرون وسطیٰ میں جوش و خروش کا وحشیانہ مظاہرہ جس کی رجعت پسند بہت تعریف کرتے ہیں

Aun esto encontró su complemento adecuado en la más perezosa indolencia

یہاں تک کہ اس نے بھی انتہائی سست روی میں اپنی مناسب تکمیل پائی۔

La burguesía ha revelado cómo sucedió todo esto

بورژوازی نے انکشاف کیا ہے کہ یہ سب کیسے ہوا

La burguesía ha sido la primera en mostrar lo que la actividad del hombre puede producir

بورژوازی سب سے پہلے یہ دکھانے والی ہے کہ انسان کی سرگرمی کیا لا سکتی ہے۔

Ha logrado maravillas que superan con creces las pirámides egipcias, los acueductos romanos y las catedrales góticas

اس نے ابرام مصر، رومی آبی گزرگاہوں اور گوتھک گرجا گھروں کو پیچھے چھوڑتے ہوئے حیرت انگیز کامیابیاں حاصل کی ہیں۔

y ha llevado a cabo expediciones que han hecho sombra a todos los antiguos Éxodos de naciones y cruzadas

اور اس نے مہمات کا انعقاد کیا ہے جس نے تمام سابقہ قوموں اور صلیبی جنگوں کو سائے میں ڈال دیا ہے۔

La burguesía no puede existir sin revolucionar constantemente los instrumentos de producción

بورژوازی پیداوار کے آلات میں مسلسل انقلاب برپا کیے بغیر وجود نہیں رکھ سکتی۔

y, por lo tanto, no puede existir sin sus relaciones con la producción

اور اس طرح یہ پیداوار کے ساتھ اپنے تعلقات کے بغیر وجود نہیں رکھ سکتا

y, por lo tanto, no puede existir sin sus relaciones con la sociedad

اور اس لئے یہ معاشرے کے ساتھ اپنے تعلقات کے بغیر وجود میں نہیں آ سکتا۔

Todas las clases industriales anteriores tenían una condición en común

تمام سابقہ صنعتی طبقات میں ایک ہی شرط مشترک تھی۔

Confiaban en la conservación de los antiguos modos de producción

انہوں نے پیداوار کے پرانے طریقوں کے تحفظ پر انحصار کیا

pero la burguesía trajo consigo una dinámica completamente nueva

لیکن بورژوازی اپنے ساتھ ایک بالکل نئی تحریک لے کر آئی۔

Revolucionar constantemente la producción y perturbar ininterrumpidamente todas las condiciones sociales

پیداوار میں مسلسل انقلاب اور تمام معاشرتی حالات میں بلا تعطل خلل

esta eterna incertidumbre y agitación distingue a la época burguesa de todas las anteriores

یہ دائمی بے یقینی اور تحریک بورژوازی دور کو پہلے کے تمام ادوار سے ممتاز کرتی ہے۔

Las relaciones previas con la producción vinieron acompañadas de antiguos y venerables prejuicios y opiniones

پیداوار کے ساتھ سابقہ تعلقات قدیم اور قابل احترام تعصبات اور آراء کے ساتھ آئے تھے۔

Pero todas estas relaciones fijas y congeladas son barridas

لیکن یہ تمام طے شدہ، تیزی سے منجمد ہونے والے تعلقات بہہ گئے ہیں۔

Todas las relaciones recién formadas se vuelven anticuadas antes de que puedan osificarse

تمام نئے تشکیل شدہ تعلقات اس سے پہلے ہی پرانے ہو جاتے ہیں کہ وہ ختم ہو جائیں۔

Todo lo que es sólido se derrite en el aire, y todo lo que es santo es profanado

جو کچھ ٹھوس ہے وہ ہوا میں پگھل جاتا ہے، اور جو کچھ مقدس ہے وہ ناپاک ہو جاتا ہے

El hombre se ve finalmente obligado a afrontar con sus sentidos sobrios sus verdaderas condiciones de vida

انسان آخر کار اپنی زندگی کے حقیقی حالات، پرسکون حواس کا سامنا کرنے پر مجبور ہے

y se ve obligado a afrontar sus relaciones con los de su especie

اور وہ اپنی قسم کے ساتھ اپنے تعلقات کا سامنا کرنے پر مجبور ہے

La burguesía necesita constantemente ampliar sus mercados para sus productos

بورژوازی کو مسلسل اپنی مصنوعات کے لئے اپنی منڈیوں کو وسعت دینے کی ضرورت ہے

y, debido a esto, la burguesía es perseguida por toda la superficie del globo

اور، اس کی وجہ سے، بورژوازی کو دنیا کی پوری سطح پر پیچھا کیا جاتا ہے۔

La burguesía debe anidar en todas partes, establecerse en todas partes, establecer conexiones en todas partes

بورژوازی کو ہر جگہ آباد ہونا چاہیے، ہر جگہ آباد ہونا چاہیے، ہر جگہ رابطے قائم کرنے چاہئیں۔

La burguesía debe crear mercados en todos los rincones del mundo para explotar

بورژوازی کو استحصال کے لئے دنیا کے ہر کونے میں بازار بنانا ہوں گے

La producción y el consumo en todos los países han adquirido un carácter cosmopolita

ہر ملک میں پیداوار اور کھپت کو ایک عالمگیر کردار دیا گیا ہے۔

el disgusto de los reaccionarios es palpable, pero ha continuado a pesar de todo

رجعت پسندوں کا غصہ واضح ہے، لیکن اس کی پرواہ کیے بغیر یہ جاری رہا ہے۔

La burguesía ha sacado de debajo de los pies de la industria el terreno nacional en el que se encontraba

بورژوازی نے صنعت کے پیروں تلے سے وہ قومی زمین کھینچ لی ہے جس پر وہ کھڑی تھی۔

Todas las industrias nacionales de vieja data han sido destruidas, o están siendo destruidas diariamente

تمام پرانی قائم قومی صنعتیں تباہ ہو چکی ہیں، یا روزانہ تباہ ہو رہی ہیں

Todas las viejas industrias nacionales son desplazadas por las nuevas industrias

تمام پرانی قائم شدہ قومی صنعتیں نئی صنعتوں کے ذریعہ ختم ہو جاتی ہیں۔

Su introducción se convierte en una cuestión de vida o muerte para todas las naciones civilizadas

ان کا تعارف تمام مہذب قوموں کے لئے زندگی اور موت کا سوال بن جاتا ہے۔

son desalojados por industrias que ya no trabajan con materia prima autóctona

انہیں ان صنعتوں کی وجہ سے بے دخل کر دیا جاتا ہے جو اب دیسی خام مال پر کام نہیں کرتی ہیں۔

En cambio, estas industrias extraen materias primas de las zonas más remotas

اس کے بجائے، یہ صنعتیں دور دراز علاقوں سے خام مال کھینچتی ہیں

industrias cuyos productos se consumen, no solo en el país, sino en todos los rincones del mundo

ایسی صنعتیں جن کی مصنوعات نہ صرف گھر پر بلکہ دنیا کے ہر چوتھائی میں استعمال کی جاتی ہیں۔

En lugar de las viejas necesidades, satisfechas por las producciones del país, encontramos nuevas necesidades

پرانی خواہشات کی جگہ، ملک کی پیداوار سے مطمئن، ہم نئی ضروریات تلاش کرتے ہیں

Estas nuevas necesidades requieren para su satisfacción los productos de tierras y climas lejanos

ان نئی خواہشات کو ان کی تسکین کے لئے دور دراز کے علاقوں اور گلیوں کی مصنوعات کی ضرورت ہوتی ہے۔

En lugar de la antigua reclusión y autosuficiencia local y nacional, tenemos el comercio

پرانی مقامی اور قومی تنہائی اور خود کفالت کی جگہ ہمارے پاس تجارت ہے۔

intercambio internacional en todas las direcciones; Interdependencia universal de las naciones

ہر سمت میں بین الاقوامی تبادلہ؛ قوموں کا عالمگیر انحصار

Y así como dependemos de los materiales, también dependemos de la producción intelectual

اور جس طرح ہم مواد پر انحصار کرتے ہیں، اسی طرح ہم فکری پیداوار پر منحصر ہیں۔

Las creaciones intelectuales de las naciones individuales se convierten en propiedad común

انفرادی قوموں کی فکری تخلیقات مشترکہ ملکیت بن جاتی ہیں۔

La unilateralidad nacional y la estrechez de miras se vuelven cada vez más imposibles

قومی یک طرفہ اور تنگ نظری زیادہ سے زیادہ ناممکن ہوتی جا رہی ہے۔

y de las numerosas literaturas nacionales y locales, surge una literatura mundial

اور بے شمار قومی اور مقامی ادب سے ایک عالمی ادب پیدا ہوتا ہے۔

por el rápido perfeccionamiento de todos los instrumentos de producción

پیداوار کے تمام آلات کی تیزی سے بہتری کے ذریعہ

por los medios de comunicación inmensamente facilitados

مواصلات کے انتہائی آسان ذرائع کے ذریعہ

La burguesía atrae a todos (incluso a las naciones más bárbaras) a la civilización

بورژوازی تمام)یہاں تک کہ سب سے زیادہ وحشی قوموں (کو تہذیب کی طرف راغب کرتی ہے

Los precios baratos de sus mercancías; la artillería pesada que derriba todas las murallas chinas

اس کی اجناس کی سستی قیمتیں؛ بھاری توپ خانے جو تمام چینی دیواروں کو منہدم کرتے ہیں

El odio intensamente obstinado de los bárbaros hacia los extranjeros se ve obligado a capitular

وحشیوں کی غیر ملکیوں سے شدید نفرت کو ہتھیار ڈالنے پر مجبور کیا جاتا ہے

Obliga a todas las naciones, bajo pena de extinción, a adoptar el modo de producción burgués

یہ معدومیت کے درد سے دوچار تمام اقوام کو بورژوازی طرز پیداوار اپنانے پر مجبور کرتا ہے۔

los obliga a introducir lo que llama civilización en su seno

یہ انہیں مجبور کرتا ہے کہ وہ اپنے درمیان تہذیب کو متعارف کرائیں جسے وہ تہذیب کہتا ہے۔

La burguesía obliga a los bárbaros a convertirse ellos mismos en burgueses

بورژوازی وحشیوں کو خود بورژوازی بننے پر مجبور کرتی ہے

en una palabra, la burguesía crea un mundo a su imagen y semejanza

ایک لفظ میں، بورژوازی اپنی شبیہ کے بعد ایک دنیا تخلیق کرتا ہے

La burguesía ha sometido el campo al dominio de las ciudades

بورژوازی نے دیہی علاقوں کو قصبوں کی حکمرانی کے تابع کر دیا ہے۔

Ha creado enormes ciudades y ha aumentado considerablemente la población urbana

اس نے بہت بڑے شہر بنائے ہیں اور شہری آبادی میں بہت زیادہ اضافہ کیا ہے۔

Rescató a una parte considerable de la población de la idiotez de la vida rural

اس نے آبادی کے ایک بڑے حصے کو دیہی زندگی کی بدحالی سے بچایا۔

pero ha hecho que los del campo dependan de las ciudades

لیکن اس نے دیہی علاقوں کے لوگوں کو قصبوں پر منحصر کر دیا ہے۔

y asimismo, ha hecho que los países bárbaros dependan de los civilizados

اور اسی طرح اس نے وحشی ممالک کو مہذب ممالک پر منحصر کر دیا ہے۔

naciones de campesinos sobre naciones de la burguesía, el Este sobre el Oeste

بورژوازی کی قوموں پر کسانوں کی قومیں، مغرب پر مشرق

La burguesía suprime cada vez más el estado disperso de la población

بورژوازی آبادی کی بکھری ہوئی حالت کو زیادہ سے زیادہ ختم کرتی ہے

Ha aglomerado la producción y ha concentrado la propiedad en pocas manos

اس کی پیداوار میں اضافہ ہوا ہے ، اور اس نے چند ہاتھوں میں خصوصیات مرکوز کی ہیں۔

La consecuencia necesaria de esto fue la centralización política

اس کا لازمی نتیجہ سیاسی مرکزیت تھا۔

Había habido naciones independientes y provincias poco conectadas

آزاد قومیں تھیں اور صوبے آپس میں جڑے ہوئے تھے۔

Tenían intereses, leyes, gobiernos y sistemas tributarios separados

ان کے الگ الگ مفادات، قوانین، حکومتیں اور ٹیکس وں کا نظام تھا۔

pero se han agrupado en una sola nación, con un solo gobierno

لیکن وہ ایک قوم میں ضم ہو گئے ہیں، ایک ہی حکومت کے ساتھ

Ahora tienen un interés nacional de clase, una frontera y un arancel aduanero

اب ان کے پاس ایک قومی طبقاتی مفاد، ایک فرنٹیئر اور ایک کسٹم ٹیرف ہے۔

Y este interés nacional de clase está unificado bajo un solo código de leyes

اور یہ قومی طبقاتی مفاد ایک ضابطہ قانون کے تحت متحد ہے۔

la burguesía ha logrado mucho durante su gobierno de apenas cien años

بورژوازی نے اپنے سو سال کے دور حکومت میں بہت کچھ حاصل کیا ہے۔

fuerzas productivas más masivas y colosales que todas las generaciones precedentes juntas

پچھلی تمام نسلوں کے مقابلے میں زیادہ بڑی اور زبردست پیداواری قوتیں

Las fuerzas de la naturaleza están subyugadas a la voluntad del hombre y su maquinaria

قدرت کی قوتیں انسان اور اس کی مشینری کی مرضی کے تابع ہیں۔

La química se aplica a todas las formas de industria y tipos de agricultura

کیمیاء کا اطلاق صنعت کی تمام اقسام اور زراعت کی اقسام پر ہوتا ہے۔

la navegación a vapor, los ferrocarriles, los telégrafos eléctricos y la imprenta

بھاپ نیویگیشن، ریلوے، برقی ٹیلی گراف، اور پرنٹنگ پریس

desbroce de continentes enteros para el cultivo, canalización de ríos

کاشت کاری کے لئے پورے براعظموں کو صاف کرنا، دریاؤں کی نہر بندی

Poblaciones enteras han sido sacadas de la tierra y puestas a trabajar

پوری آبادی کو زمین سے نکال کر کام پر لگا دیا گیا ہے۔

¿Qué siglo anterior tuvo siquiera un presentimiento de lo que podría desencadenarse?

پچھلی صدی میں کیا کچھ پیش کیا جا سکتا تھا؟

¿Quién predijo que tales fuerzas productivas dormitaban en el regazo del trabajo social?

کس نے پیش گوئی کی تھی کہ ایسی پیداواری قوتیں سماجی محنت کی گود میں سو رہی ہیں؟

Vemos, pues, que los medios de producción y de intercambio se generaban en la sociedad feudal

پھر ہم دیکھتے ہیں کہ جاگیردارانہ معاشرے میں پیداوار اور تبادلے کے ذرائع پیدا ہوئے۔

los medios de producción sobre cuyos cimientos se construyó la burguesía

پیداوار کے وہ ذرائع جن کی بنیاد پر بورژوازی نے خود کو قائم کیا

En una determinada etapa del desarrollo de estos medios de producción y de intercambio

پیداوار اور تبادلے کے ان ذرائع کی ترقی میں ایک خاص مرحلے پر

las condiciones bajo las cuales la sociedad feudal producía e intercambiaba

وہ حالات جن کے تحت جاگیردارانہ معاشرے نے جنم لیا اور تبادلہ کیا۔

La organización feudal de la agricultura y la industria manufacturera

زراعت اور مینوفیکچرنگ کی صنعت کی جاگیردارانہ تنظیم

Las relaciones feudales de propiedad ya no eran compatibles con las condiciones materiales

جائیداد کے جاگیردارانہ تعلقات اب مادی حالات سے مطابقت نہیں رکھتے تھے۔

Tuvieron que ser reventados en pedazos, por lo que fueron reventados en pedazos

انہیں پھٹنا پڑا، اس لیے وہ پھٹ گئے۔

En su lugar entró la libre competencia de las fuerzas productivas

ان کی جگہ پیداواری قوتوں سے آزادانہ مقابلہ کیا۔

y fueron acompañadas de una constitución social y política adaptada a ella

اور ان کے ساتھ ایک سماجی اور سیاسی آئین بھی تھا جو اس کے مطابق بنایا گیا تھا۔

y fue acompañado por el dominio económico y político de la burguesía

اور اس کے ساتھ بورژوازی طبقے کا معاشی اور سیاسی اثر و رسوخ بھی تھا۔

Un movimiento similar está ocurriendo ante nuestros propios ojos

اسی طرح کی ایک تحریک ہماری اپنی آنکھوں کے سامنے چل رہی ہے

La sociedad burguesa moderna con sus relaciones de producción, de intercambio y de propiedad

جدید بورژوازی معاشرہ پیداوار، تبادلے اور جائیداد کے تعلقات کے ساتھ

una sociedad que ha conjurado medios de producción y de intercambio tan gigantescos

ایک ایسا معاشرہ جس نے پیداوار اور تبادلے کے اتنے بڑے ذرائع پیدا کیے ہیں

Es como el hechicero que invocó los poderes del mundo inferior

یہ اس جادوگر کی طرح ہے جس نے دنیا کی طاقتوں کو پکارا۔

Pero ya no es capaz de controlar lo que ha traído al mundo

لیکن وہ اب اس بات کو کنٹرول کرنے کے قابل نہیں ہے کہ وہ دنیا میں کیا لایا ہے

Durante muchas décadas, la historia pasada estuvo unida por un hilo conductor

پچھلی کئی دہائیوں سے تاریخ ایک مشترکہ دھاگے سے جڑی ہوئی تھی۔

La historia de la industria y del comercio no ha sido más que la historia de las revueltas

صنعت و تجارت کی تاریخ صرف بغاوتوں کی تاریخ رہی ہے۔

las revueltas de las fuerzas productivas modernas contra las condiciones modernas de producción

پیداوار کے جدید حالات کے خلاف جدید پیداواری قوتوں کی بغاوتیں

Las revueltas de las fuerzas productivas modernas contra las relaciones de propiedad

جائیداد کے تعلقات کے خلاف جدید پیداواری قوتوں کی بغاوتیں

estas relaciones de propiedad son las condiciones para la existencia de la burguesía

یہ جائیداد کے تعلقات بورژوازی کے وجود کی شرائط ہیں۔

y la existencia de la burguesía determina las reglas de las relaciones de propiedad

اور بورژوازی کا وجود جائیداد کے تعلقات کے قواعد کا تعین کرتا ہے

Baste mencionar el retorno periódico de las crisis comerciales

تجارتی بحرانوں کی وقتا فوقتا واپسی کا ذکر کرنا کافی ہے

cada crisis comercial es más amenazante para la sociedad burguesa que la anterior

ہر تجارتی بحران بورژوازی معاشرے کے لئے پچھلے کے مقابلے میں زیادہ خطرہ ہے

En estas crisis se destruye gran parte de los productos existentes

ان بحرانوں میں موجودہ مصنوعات کا ایک بڑا حصہ تباہ ہو جاتا ہے۔

Pero estas crisis también destruyen las fuerzas productivas previamente creadas

لیکن یہ بحران پہلے سے پیدا ہونے والی پیداواری قوتوں کو بھی تباہ کر دیتے ہیں۔

En todas las épocas anteriores, estas epidemias habrían parecido un absurdo

پہلے کے تمام ادوار میں یہ وبائی امراض ایک مضحکہ خیز بات معلوم ہوتی تھیں۔

porque estas epidemias son las crisis comerciales de la sobreproducción

کیونکہ یہ وبائی امراض زیادہ پیداوار کے تجارتی بحران ہیں۔

De repente, la sociedad se encuentra de nuevo en un estado de barbarie momentánea

معاشرہ اچانک خود کو عارضی بربریت کی حالت میں واپس پاتا ہے

como si una guerra universal de devastación hubiera cortado todos los medios de subsistencia

گویا تباہی کی عالمگیر جنگ نے گزر بسر کے تمام ذرائع کو منقطع کر دیا ہو۔

la industria y el comercio parecen haber sido destruidos; ¿Y por qué?

ایسا لگتا ہے کہ صنعت اور تجارت تباہ ہو چکے ہیں۔ اور کیوں؟

Porque hay demasiada civilización y medios de subsistencia

کیونکہ وہاں بہت زیادہ تہذیب اور گزر بسر کے ذرائع موجود ہیں۔

y porque hay demasiada industria y demasiado comercio

اور کیونکہ وہاں بہت زیادہ صنعت ہے، اور بہت زیادہ تجارت ہے

Las fuerzas productivas a disposición de la sociedad ya no desarrollan la propiedad burguesa

معاشرے کے زیر اثر پیداواری قوتیں اب بورژوازی کی ملکیت کو ترقی نہیں دیتی ہیں

por el contrario, se han vuelto demasiado poderosos para estas condiciones, por las cuales están encadenados

اس کے برعکس، وہ ان حالات کے لئے بہت طاقتور ہو گئے ہیں، جس کی وجہ سے وہ کمزور ہیں۔

tan pronto como superan estas cadenas, traen el desorden a toda la sociedad burguesa

جیسے ہی وہ ان فتنوں پر قابو پاتے ہیں، وہ پورے بورژوازی معاشرے میں بدنظمی لاتے ہیں۔

y las fuerzas productivas ponen en peligro la existencia de la propiedad burguesa

اور پیداواری قوتیں بورژوازی کی جائیداد کے وجود کو خطرے میں ڈالتی ہیں۔

Las condiciones de la sociedad burguesa son demasiado estrechas para abarcar la riqueza creada por ellas

بورژوازی معاشرے کے حالات اتنے تنگ ہیں کہ ان کے ذریعہ پیدا کردہ دولت پر مشتمل نہیں ہیں۔

¿Y cómo supera la burguesía estas crisis?

اور بورژوازی ان بحرانوں پر کیسے قابو پاتی ہے؟

Por un lado, supera estas crisis mediante la destrucción forzada de una masa de fuerzas productivas

ایک طرف، یہ پیداواری قوتوں کی ایک بڑی تعداد کی جبری تباہی کے ذریعے ان بحرانوں پر قابو پاتا ہے۔

por otro lado, supera estas crisis mediante la conquista de nuevos mercados

دوسری طرف ، یہ نئی منڈیوں کی فتح کے ذریعہ ان بحرانوں پر قابو پاتا ہے۔

y supera estas crisis mediante la explotación más completa de las viejas fuerzas productivas

اور یہ پیداوار کی پرانی قوتوں کے زیادہ مکمل استحصال کے ذریعے ان بحرانوں پر قابو پاتا ہے۔

Es decir, allanando el camino para crisis más extensas y destructivas

کہنے کا مطلب یہ ہے کہ زیادہ وسیع اور زیادہ تباہ کن بحرانوں کی راہ ہموار کرکے

supera la crisis disminuyendo los medios para prevenir las crisis

یہ ان ذرائع کو کم کرکے بحران پر قابو پاتا ہے جن سے بحرانوں کو روکا جاتا ہے۔

Las armas con las que la burguesía derribó el feudalismo se vuelven ahora contra sí misma

بورژوازی نے جن ہتھیاروں سے جاگیرداری کو زمین پر گرایا وہ اب اپنے خلاف ہو چکے ہیں۔

Pero la burguesía no sólo ha forjado las armas que le dan la muerte

لیکن بورژوازی نے نہ صرف ایسے ہتھیار تیار کیے ہیں جو خود موت کا باعث بنتے ہیں۔

También ha llamado a la existencia a los hombres que han de empuñar esas armas

اس نے ان لوگوں کو بھی وجود میں لایا ہے جو ان ہتھیاروں کو چلانے والے ہیں

Y estos hombres son la clase obrera moderna; Son los proletarios

اور یہ لوگ جدید محنت کش طبقہ ہیں۔ وہ پرولتاریہ ہیں

En la misma proporción en que se desarrolla la burguesía, en la misma proporción se desarrolla el proletariado

جس تناسب سے بورژوازی کی ترقی ہوئی، اسی تناسب سے پرولتاریہ ترقی یافتہ ہے۔

La clase obrera moderna desarrolló una clase de trabajadores

جدید محنت کش طبقے نے مزدوروں کا ایک طبقہ تیار کیا۔

Esta clase de obreros vive sólo mientras encuentran trabajo

مزدوروں کا یہ طبقہ صرف اس وقت تک زندہ رہتا ہے جب تک انہیں کام مل جاتا ہے

y sólo encuentran trabajo mientras su trabajo aumenta el capital

اور انہیں صرف اس وقت تک کام ملتا ہے جب تک کہ ان کی محنت سے سرمائے میں اضافہ ہوتا ہے۔

Estos obreros, que deben venderse a destajo, son una mercancía

یہ مزدور، جنہیں اپنے آپ کو کھانے کا ٹکڑا بیچنا پڑتا ہے، ایک اجناس ہیں

Estos obreros son como cualquier otro artículo de comercio

یہ مزدور تجارت کے ہر دوسرے مضمون کی طرح ہیں

y, en consecuencia, están expuestos a todas las vicisitudes de la competencia

اور اس کے نتیجے میں وہ مسابقت کے تمام اتار چڑھاؤ کا سامنا کرتے ہیں۔

Tienen que capear todas las fluctuaciones del mercado

انہیں مارکیٹ کے تمام اتار چڑھاؤ کا سامنا کرنا پڑتا ہے

Debido al uso extensivo de maquinaria y a la división del trabajo

مشینری کے وسیع استعمال اور مزدوروں کی تقسیم کی وجہ سے

El trabajo de los proletarios ha perdido todo carácter individual

پرولتاریوں کا کام تمام انفرادی کردار کھو چکا ہے

y, en consecuencia, el trabajo de los proletarios ha perdido todo encanto para el obrero

اور نتیجتا، محنت کشوں کا کام مزدور کے لیے تمام کشش کھو چکا ہے۔

Se convierte en un apéndice de la máquina, en lugar del hombre que una vez fue

وہ مشین کا ایک حصہ بن جاتا ہے، بجائے اس کے کہ وہ پہلے تھا

Sólo se requiere de él la habilidad más simple, monótona y más fácil de adquirir

اس کے لئے صرف سب سے زیادہ سادہ، یکساں، اور سب سے زیادہ
آسانی سے حاصل کردہ ہنر کی ضرورت ہے

Por lo tanto, el costo de producción de un trabajador está
restringido

لہٰذا، ایک مزدور کی پیداوار کی لاگت محدود ہے.

se restringe casi por completo a los medios de subsistencia
que necesita para su manutención

یہ تقریبا مکمل طور پر گزر بسر کے ذرائع تک محدود ہے جو اسے
اپنی دیکھ بھال کے لئے درکار ہے۔

y se restringe a los medios de subsistencia que necesita para
la propagación de su raza

اور یہ رزق کے ذرائع تک محدود ہے جو اسے اپنی نسل کی تبلیغ کے
لئے درکار ہیں۔

Pero el precio de una mercancía, y por lo tanto también del
trabajo, es igual a su costo de producción

لیکن کسی شے کی قیمت، اور اس لئے محنت کی قیمت بھی، اس کی
پیداواری لاگت کے برابر ہے۔

Por lo tanto, a medida que aumenta la repulsividad del
trabajo, disminuye el salario

لہٰذا، اس تناسب سے، جیسے جیسے کام کی نفرت بڑھتی ہے، اجرت
کم ہوتی جاتی ہے۔

Es más, la repulsión de su obra aumenta a un ritmo aún
mayor

نہیں، اس کے کام کی نفرت اس سے بھی زیادہ شرح سے بڑھتی ہے۔

A medida que aumenta el uso de maquinaria y la división
del trabajo, también lo hace la carga del trabajo

جیسے جیسے مشینری کا استعمال اور مزدوروں کی تقسیم میں اضافہ
ہوتا جاتا ہے، اسی طرح محنت کا بوجھ بھی بڑھتا جاتا ہے۔

La carga del trabajo se incrementa con la prolongación de las
horas de trabajo

کام کے اوقات میں اضافے سے محنت کا بوجھ بڑھ جاتا ہے

Se espera más del obrero en el mismo tiempo que antes

مزدور سے پہلے کی طرح ایک ہی وقت میں مزید توقع کی جاتی ہے

Y, por supuesto, la carga del trabajo aumenta por la
velocidad de la maquinaria

اور یقینا مشینری کی رفتار سے محنت کا بوجھ بڑھ جاتا ہے

La industria moderna ha convertido el pequeño taller del amo patriarcal en la gran fábrica del capitalista industrial

جدید صنعت نے پدرشاہی آقا کی چھوٹی سی ورکشاپ کو صنعتی سرمایہ دار کی عظیم فیکٹری میں تبدیل کر دیا ہے

Las masas de obreros, hacinados en la fábrica, están organizadas como soldados

فیکٹری میں بھیڑ بھاڑ والے مزدوروں کی بڑی تعداد سپاہیوں کی طرح منظم ہے

Como soldados rasos del ejército industrial están bajo el mando de una jerarquía perfecta de oficiales y sargentos

صنعتی فوج کے نجی افراد کی حیثیت سے انہیں افسران اور سارجنٹوں کی ایک کامل درجہ بندی کی کمان کے تحت رکھا جاتا ہے۔

no sólo son esclavos de la burguesía y del Estado

وہ نہ صرف بورژوازی طبقے اور ریاست کے غلام ہیں۔

pero también son esclavizados diariamente y cada hora por la máquina

لیکن وہ بھی روزانہ اور گھنٹے مشین کے غلام ہیں

están esclavizados por el vigilante y, sobre todo, por el propio fabricante burgués

انہیں ضرورت سے زیادہ دیکھنے والے نے غلام بنا لیا ہے، اور سب سے بڑھ کر، انفرادی بورژوازی کارخانہ دار نے خود انہیں غلام بنا لیا ہے۔

Cuanto más abiertamente proclama este despotismo que la ganancia es su fin y su fin, tanto más mezquino, más odioso y más amargo es

یہ آمریت جتنی زیادہ کھلے عام فائدے کو اپنے انجام اور مقصد کے طور پر پیش کرتی ہے، اتنی ہی چھوٹی، اتنی ہی نفرت انگیز اور اتنی ہی زیادہ نفرت انگیز ہوتی ہے۔

Cuanto más se desarrolla la industria moderna, menores son las diferencias entre los sexos

جتنی زیادہ جدید صنعت ترقی یافتہ ہوتی ہے، صنفوں کے مابین اختلافات اتنے ہی کم ہوتے ہیں۔

Cuanto menor es la habilidad y el ejercicio de la fuerza implícitos en el trabajo manual, tanto más el trabajo de los hombres es reemplazado por el de las mujeres

دستی مشقت میں جتنی کم مہارت اور طاقت کی مشقت ہوتی ہے،
مردوں کی محنت عورتوں کی محنت سے زیادہ ہوتی ہے۔

Las diferencias de edad y sexo ya no tienen ninguna validez social distintiva para la clase obrera

عمر اور جنس کے فرق کی اب محنت کش طبقے کے لئے کوئی
مخصوص سماجی حیثیت نہیں ہے۔

Todos son instrumentos de trabajo, más o menos costosos de usar, según su edad y sexo

یہ سب مزدوری کے آلات ہیں، ان کی عمر اور جنس کے مطابق
استعمال کرنا کم و بیش مہنگا ہے۔

tan pronto como el obrero recibe su salario en efectivo, es atacado por las otras partes de la burguesía

جیسے ہی مزدور کو اس کی اجرت نقد میں ملتی ہے، بورژوازی کے
دوسرے حصوں کی طرف سے اس پر دباؤ ڈالا جاتا ہے۔

el propietario, el tendero, el prestamista, etc

مالک مکان، دکاندار، مہرہ فروش وغیرہ

Los estratos más bajos de la clase media; los pequeños comerciantes y tenderos

متوسط طبقے کا نچلا طبقہ۔ چھوٹے تاجر لوگ اور دکاندار

los comerciantes jubilados en general, y los artesanos y campesinos

عام طور پر ریٹائرڈ تاجر، اور دستکاری اور کسان

todo esto se hunde poco a poco en el proletariado

یہ سب آہستہ آہستہ پرولتاریہ میں ڈوب جاتے ہیں

en parte porque su minúsculo capital no basta para la escala en que se desarrolla la industria moderna

جزوی طور پر اس لئے کہ ان کا کم سرمایہ اس پیمانے کے لئے کافی
نہیں ہے جس پر جدید صنعت چل رہی ہے۔

y porque está inundada en la competencia con los grandes capitalistas

اور کیونکہ یہ بڑے سرمایہ داروں کے ساتھ مسابقت میں ڈوبی ہوئی
ہے۔

en parte porque sus habilidades especializadas se vuelven inútiles por los nuevos métodos de producción

جزوی طور پر کیونکہ پیداوار کے نئے طریقوں سے ان کی خصوصی
مہارت بیکار ہو جاتی ہے۔

De este modo, el proletariado es reclutado entre todas las clases de la población

اس طرح پرولتاریہ کو آبادی کے تمام طبقوں سے بھرتی کیا جاتا ہے۔

El proletariado pasa por varias etapas de desarrollo

پرولتاریہ ترقی کے مختلف مراحل سے گزرتا ہے

Con su nacimiento comienza su lucha con la burguesía

اس کی پیدائش کے ساتھ ہی بورژوازی کے ساتھ اس کی جدوجہد شروع ہوتی ہے

Al principio, la contienda es llevada a cabo por trabajadores individuales

سب سے پہلے مقابلہ انفرادی مزدوروں کے ذریعہ کیا جاتا ہے

Entonces el concurso es llevado a cabo por los obreros de una fábrica

پھر مقابلہ ایک فیکٹری کے مزدوروں کے ذریعہ کیا جاتا ہے

Entonces la contienda es llevada a cabo por los operarios de un oficio, en una localidad

پھر مقابلہ ایک علاقے میں ایک تجارت کے کارندوں کے ذریعہ کیا جاتا ہے۔

y la contienda es entonces contra la burguesía individual que los explota directamente

اور پھر مقابلہ انفرادی بورژوازی کے خلاف ہے جو براہ راست ان کا استحصال کرتا ہے۔

No dirigen sus ataques contra las condiciones de producción de la burguesía

وہ اپنے حملوں کی ہدایت بورژوازی کے پیداواری حالات کے خلاف نہیں کرتے ہیں۔

pero dirigen su ataque contra los propios instrumentos de producción

لیکن وہ اپنا حملہ خود پیداوار کے آلات کے خلاف کرتے ہیں

destruyen mercancías importadas que compiten con su mano de obra

وہ درآمد شدہ سامان کو تباہ کرتے ہیں جو ان کی محنت سے مقابلہ کرتے ہیں

Hacen pedazos la maquinaria y prenden fuego a las fábricas

وہ مشینری کو توڑ تے ہیں اور فیکٹریوں کو آگ لگا دیتے ہیں۔

tratan de restaurar por la fuerza el estado desaparecido del obrero de la Edad Media

وہ قرون وسطیٰ کے مزدور کی غائب شدہ حیثیت کو طاقت کے ذریعے بحال کرنا چاہتے ہیں۔

En esta etapa, los obreros forman todavía una masa incoherente dispersa por todo el país

اس مرحلے پر مزدور اب بھی پورے ملک میں بکھرے ہوئے ایک غیر مربوط گروہ کی تشکیل کرتے ہیں۔

y se rompen por su mutua competencia

اور وہ اپنے باہمی مسابقت سے ٹوٹ جاتے ہیں

Si en alguna parte se unen para formar cuerpos más compactos, esto no es todavía la consecuencia de su propia unión activa

اگر کہیں بھی وہ زیادہ کمپیکٹ باڈیز بنانے کے لئے متحد ہوتے ہیں تو یہ ابھی تک ان کے اپنے فعال اتحاد کا نتیجہ نہیں ہے۔ ،

pero es una consecuencia de la unión de la burguesía, para alcanzar sus propios fines políticos

لیکن یہ بورژوازی کے اتحاد کا نتیجہ ہے، اپنے سیاسی مقاصد کو حاصل کرنے کے لئے

la burguesía se ve obligada a poner en movimiento a todo el proletariado

بورژوازی پورے پرولتاریہ کو حرکت میں لانے پر مجبور ہے

y además, por un momento, la burguesía es capaz de hacerlo

اور اس کے علاوہ، کچھ وقت کے لئے، بورژوازی ایسا کرنے کے قابل ہے

Por lo tanto, en esta etapa, los proletarios no luchan contra sus enemigos

لہذا اس مرحلے پر پرولتاریہ اپنے دشمنوں سے نہیں لڑتے۔

sino que están luchando contra los enemigos de sus enemigos

لیکن اس کے بجائے وہ اپنے دشمنوں کے دشمنوں سے لڑ رہے ہیں۔

la lucha contra los restos de la monarquía absoluta y los terratenientes

مطلق بادشاہت کی باقیات اور زمینداروں کے خلاف لڑائی

luchan contra la burguesía no industrial; la pequeña burguesía

وہ غیر صنعتی بورژوازی سے لڑتے ہیں۔ چھوٹی بورژوازی

De este modo, todo el movimiento histórico se concentra en manos de la burguesía

اس طرح پوری تاریخی تحریک بورژوازی کے ہاتھوں میں مرکوز ہے۔

cada victoria así obtenida es una victoria para la burguesía

اس طرح حاصل ہونے والی ہر فتح بورژوازی کی فتح ہے۔

Pero con el desarrollo de la industria, el proletariado no sólo aumenta en número

لیکن صنعت کی ترقی کے ساتھ پرولتاریہ نہ صرف تعداد میں اضافہ کرتا ہے

el proletariado se concentra en grandes masas y su fuerza crece

پرولتاریہ زیادہ سے زیادہ عوام میں مرتکز ہو جاتا ہے اور اس کی طاقت میں اضافہ ہوتا ہے۔

y el proletariado siente cada vez más esa fuerza

اور پرولتاریہ اس طاقت کو زیادہ سے زیادہ محسوس کرتا ہے

Los diversos intereses y condiciones de vida en las filas del proletariado se igualan cada vez más

پرولتاریہ کی صفوں میں زندگی کے مختلف مفادات اور حالات زیادہ سے زیادہ مساوی ہیں۔

se vuelven más proporcionales a medida que la maquinaria borra todas las distinciones de trabajo

وہ زیادہ تناسب میں ہو جاتے ہیں کیونکہ مشینری مزدوروں کے تمام امتیازات کو ختم کر دیتی ہے۔

y la maquinaria reduce los salarios al mismo nivel bajo en casi todas partes

اور مشینری تقریباً ہر جگہ اجرت کو اسی نچلی سطح تک کم کر دیتی ہے

La creciente competencia entre la burguesía, y las crisis comerciales resultantes, hacen que los salarios de los obreros sean cada vez más fluctuantes

بورژوازی کے درمیان بڑھتا ہوا مسابقت اور اس کے نتیجے میں پیدا ہونے والے تجارتی بحران مزدوروں کی اجرتوں میں مزید اتار چڑھاؤ پیدا کرتے ہیں۔

La mejora incesante de la maquinaria, que se desarrolla cada vez más rápidamente, hace que sus medios de vida sean cada vez más precarios

مشینری کی مسلسل بہتری، جو تیزی سے ترقی کر رہی ہے، ان کے ذریعہ معاش کو زیادہ سے زیادہ غیر یقینی بناتی ہے۔

los choques entre obreros individuales y burgueses individuales toman cada vez más el carácter de choques entre dos clases

انفرادی محنت کشوں اور انفرادی بورژوازی کے درمیان ٹکراؤ دو طبقوں کے درمیان ٹکراؤ کی نوعیت کو زیادہ سے زیادہ اختیار کرتا ہے۔

A partir de ese momento, los obreros comienzan a formar uniones (sindicatos) contra la burguesía

اس کے بعد مزدور بورژوازی کے خلاف اتحاد (ٹریڈ یونین (تشکیل دینا شروع کر دیتے ہیں۔

se agrupan para mantener el ritmo de los salarios

وہ اجرتوں کی شرح کو برقرار رکھنے کے لئے ایک ساتھ مل جاتے ہیں

Fundaron asociaciones permanentes para hacer frente de antemano a estas revueltas ocasionales

انھوں نے مستقل انجمنیں تلاش کیں تاکہ کبھی کبھار ہونے والی ان بغاوتوں کے لئے پہلے سے انتظام کیا جا سکے۔

Aquí y allá la contienda estalla en disturbios

یہاں اور وہاں مقابلہ فسادات میں بدل جاتا ہے

De vez en cuando los obreros salen victoriosos, pero sólo por un tiempo

کبھی کبھی مزدور فاتح ہوتے ہیں، لیکن صرف ایک وقت کے لئے

El verdadero fruto de sus batallas no reside en el resultado inmediato, sino en la unión cada vez mayor de los trabajadores

ان کی لڑائیوں کا اصل نتیجہ فوری نتائج میں نہیں بلکہ مزدوروں کی بڑھتی ہوئی یونین میں ہے۔

Esta unión se ve favorecida por la mejora de los medios de comunicación creados por la industria moderna

اس یونین کو مواصلات کے بہتر ذرائع سے مدد ملتی ہے جو جدید صنعت کے ذریعہ تخلیق کیے جاتے ہیں۔

La comunicación moderna pone en contacto a los
trabajadores de diferentes localidades

جدید مواصلات مختلف علاقوں کے کارکنوں کو ایک دوسرے کے
ساتھ رابطے میں رکھتا ہے

Era precisamente este contacto el que se necesitaba para
centralizar las numerosas luchas locales en una lucha
nacional entre clases

یہ صرف یہی رابطہ تھا جس کی ضرورت تھی تاکہ متعدد مقامی
جدوجہد کو طبقات کے درمیان ایک قومی جدوجہد میں مرکزیت دی جا
سکے۔

Todas estas luchas tienen el mismo carácter, y toda lucha de
clases es una lucha política

یہ تمام جدوجہد ایک ہی نوعیت کی ہیں اور ہر طبقاتی جدوجہد ایک
سیاسی جدوجہد ہے۔

los burgueses de la Edad Media, con sus miserables
carreteras, necesitaron siglos para formar sus uniones

قرون وسطیٰ کے برگروں کو اپنی خستہ حال شاہراہوں کی وجہ سے
اپنی یونینیں بنانے کے لیے صدیوں درکار تھیں۔

Los proletarios modernos, gracias a los ferrocarriles, logran
sus sindicatos en pocos años

ریلوے کی بدولت جدید پرولتاریہ چند سالوں میں اپنی یونین حاصل کر
لیتے ہیں۔

Esta organización de los proletarios en una clase los formó,
por consiguiente, en un partido político

پرولتاریہ کی اس تنظیم نے ایک طبقے میں تبدیل کر دیا جس کے
نتیجے میں وہ ایک سیاسی جماعت بن گئے۔

La clase política se ve continuamente molesta por la
competencia entre los propios trabajadores

خود مزدوروں کے درمیان مسابقت سے سیاسی طبقہ مسلسل پریشان ہو
رہا ہے۔

Pero la clase política sigue levantándose de nuevo, más
fuerte, más firme, más poderosa

لیکن سیاسی طبقہ ایک بار پھر ابھر رہا ہے، مضبوط، مضبوط
طاقتور۔

Obliga al reconocimiento legislativo de los intereses
particulares de los trabajadores

یہ مزدوروں کے مخصوص مفادات کو قانون سازی کی تسلیم کرنے پر
مجبور کرتا ہے

lo hace aprovechándose de las divisiones en el seno de la
propia burguesía

یہ خود بورژوازی کے درمیان تقسیم کا فائدہ اٹھاتے ہوئے ایسا کرتا ہے

De este modo, el proyecto de ley de las diez horas en
Inglaterra se convirtió en ley

اس طرح انگلستان میں دس گھنٹے کا بل قانون کی شکل اختیار کر گیا۔

en muchos sentidos, las colisiones entre las clases de la vieja
sociedad son, además, el curso del desarrollo del
proletariado

کئی طرح سے پرانے معاشرے کے طبقات کے درمیان ٹکراؤ
پرولتاریہ کی ترقی کا راستہ ہے۔

La burguesía se ve envuelta en una batalla constante

بورژوازی خود کو ایک مستقل جنگ میں ملوث پاتی ہے

Al principio se verá envuelto en una batalla constante con la
aristocracia

سب سے پہلے یہ خود کو اشرافیہ کے ساتھ مستقل جنگ میں ملوث
پائے گا۔

más tarde se verá envuelta en una batalla constante con esas
partes de la propia burguesía

بعد میں یہ خود کو بورژوازی کے ان حصوں کے ساتھ مستقل جنگ
میں ملوث پائے گا۔

y sus intereses se habrán vuelto antagónicos al progreso de
la industria

اور ان کے مفادات صنعت کی ترقی کے مخالف بن گئے ہوں گے۔

en todo momento, sus intereses se habrán vuelto
antagónicos con la burguesía de los países extranjeros

ہر وقت، ان کے مفادات بیرونی ممالک کی بورژوازی کے ساتھ مخالف
ہو جائیں گے۔

En todas estas batallas se ve obligado a apelar al proletariado
y pide su ayuda

ان تمام لڑائیوں میں وہ خود کو پرولتاریہ سے اپیل کرنے پر مجبور
دیکھتا ہے، اور اس سے مدد مانگتا ہے۔

y, por lo tanto, se sentirá obligado a arrastrarlo a la arena
política

اور اس طرح وہ اسے سیاسی میدان میں گھسیٹنے پر مجبور ہو جائے گی۔

La burguesía misma, por lo tanto, suministra al proletariado sus propios instrumentos de educación política y general

لہٰذا بورژوازی خود پرولتاریہ کو سیاسی اور عمومی تعلیم کے اپنے آلات فراہم کرتی ہے۔

en otras palabras, suministra al proletariado armas para luchar contra la burguesía

دوسرے لفظوں میں، یہ پرولتاریہ کو بورژوازی سے لڑنے کے لئے ہتھیار فراہم کرتا ہے۔

Además, como ya hemos visto, sectores enteros de las clases dominantes se precipitan en el proletariado

مزید برآں، جیسا کہ ہم پہلے ہی دیکھ چکے ہیں، حکمران طبقوں کے تمام طبقات پرولتاریہ میں شامل ہو چکے ہیں۔

el avance de la industria los absorbe en el proletariado

صنعت کی ترقی انہیں پرولتاریہ میں شامل کر دیتی ہے

o, al menos, están amenazados en sus condiciones de existencia

یا، کم از کم، وہ اپنے وجود کے حالات میں خطرے میں ہیں

Estos también suministran al proletariado nuevos elementos de ilustración y progreso

یہ پرولتاریہ کو روشن خیالی اور ترقی کے نئے عناصر بھی فراہم کرتے ہیں۔

Finalmente, en momentos en que la lucha de clases se acerca a la hora decisiva

آخر میں، ایسے وقت میں جب طبقاتی جدوجہد فیصلہ کن وقت کے قریب ہے

el proceso de disolución que se está llevando a cabo en el seno de la clase dominante

حکمران طبقے کے اندر تحلیل کا عمل جاری ہے

De hecho, la disolución que se está produciendo en el seno de la clase dominante se sentirá en toda la sociedad

درحقیقت حکمران طبقے کے اندر جو تحلیل ہو رہی ہے وہ پورے معاشرے کے اندر محسوس کی جائے گی۔

Tomará un carácter tan violento y deslumbrante, que un pequeño sector de la clase dominante se quedará a la deriva

یہ ایک ایسا پرتشدد اور واضح کردار اختیار کرے گا کہ حکمران طبقے کا ایک چھوٹا سا حصہ خود کو منتشر کر لے گا۔

y esa clase dominante se unirá a la clase revolucionaria

اور وہ حکمران طبقہ انقلابی طبقے میں شامل ہو جائے گا۔

La clase revolucionaria es la clase que tiene el futuro en sus manos

انقلابی طبقہ وہ طبقہ ہے جو مستقبل کو اپنے ہاتھوں میں رکھتا ہے۔

Al igual que en un período anterior, una parte de la nobleza se pasó a la burguesía

بالکل اسی طرح جیسے پہلے دور میں اشرافیہ کا ایک طبقہ بورژوازی کے حوالے ہو گیا تھا۔

de la misma manera que una parte de la burguesía se pasará al proletariado

اسی طرح بورژوازی کا ایک حصہ پرولتاریہ کے پاس چلا جائے گا۔

en particular, una parte de la burguesía pasará a una parte de los ideólogos de la burguesía

خاص طور پر بورژوازی کا ایک حصہ بورژوازی نظریات کے ایک حصے کے حوالے ہو جائے گا۔

Ideólogos burgueses que se han elevado al nivel de comprender teóricamente el movimiento histórico en su conjunto

بورژوازی نظریاتی ماہرین جنہوں نے اپنے آپ کو نظریاتی طور پر مجموعی طور پر تاریخی تحریک کو سمجھنے کی سطح تک پہنچا دیا ہے

De todas las clases que hoy se encuentran frente a frente con la burguesía, sólo el proletariado es una clase realmente revolucionaria

آج بورژوازی کے ساتھ آمنے سامنے کھڑے تمام طبقات میں سے صرف پرولتاریہ ہی ایک حقیقی انقلابی طبقہ ہے۔

Las otras clases decaen y finalmente desaparecen frente a la industria moderna

دیگر طبقات زوال پذیر ہیں اور آخر کار جدید صنعت کے سامنے غائب ہو جاتے ہیں۔

el proletariado es su producto especial y esencial

پرولتاریہ اس کی خاص اور ضروری مصنوعات ہے

La clase media baja, el pequeño fabricante, el tendero, el artesano, el campesino

نچلا متوسط طبقہ، چھوٹا کارخانہ دار، دکاندار، کاریگر، کسان

todos ellos luchan contra la burguesía

یہ سب بورژوازی کے خلاف لڑائی

Luchan como fracciones de la clase media para salvarse de la extinción

وہ خود کو معدومیت سے بچانے کے لئے متوسط طبقے کے حصوں کے طور پر لڑتے ہیں

Por lo tanto, no son revolucionarios, sino conservadores

لہٰذا وہ انقلابی نہیں بلکہ قدامت پسند ہیں۔

Más aún, son reaccionarios, porque tratan de hacer retroceder la rueda de la historia

اس سے بھی بڑھ کر، وہ رجعت پسند ہیں، کیونکہ وہ تاریخ کے پہیے کو پلٹنے کی کوشش کرتے ہیں۔

Si por casualidad son revolucionarios, lo son sólo en vista de su inminente transferencia al proletariado

اگر اتفاق سے وہ انقلابی ہیں، تو وہ صرف پرولتاریہ میں ان کی آنے والی منتقلی کے پیش نظر ہیں۔

Por lo tanto, no defienden sus intereses presentes, sino sus intereses futuros

اس طرح وہ اپنے حال کا نہیں بلکہ اپنے مستقبل کے مفادات کا دفاع کرتے ہیں۔

abandonan su propio punto de vista para situarse en el del proletariado

وہ خود کو پرولتاریہ کے نقطہ نظر پر رکھنے کے لئے اپنا نقطہ نظر چھوڑ دیتے ہیں۔

La "clase peligrosa", la escoria social, esa masa pasivamente putrefacta arrojada por las capas más bajas de la vieja sociedad

"خطرناک طبقہ"، سماجی گندگی، جو پرانے معاشرے کی نچلی ترین پرتوں کے ذریعے غیر فعال طور پر سڑتے ہوئے بڑے پیمانے پر پھینک دیا گیا ہے

pueden, aquí y allá, ser arrastrados al movimiento por una revolución proletaria

ہو سکتا ہے کہ وہ یہاں اور وہاں ایک پرولتاری انقلاب کے ذریعے
تحریک میں شامل ہو جائیں۔

Sus condiciones de vida, sin embargo, la preparan mucho
más para el papel de un instrumento sobornado de la intriga
reaccionaria

تاہم، اس کی زندگی کے حالات اسے رجعتی سازشوں کے رشوت کے
آلے کے کردار کے لئے کہیں زیادہ تیار کرتے ہیں۔

En las condiciones del proletariado, los de la vieja sociedad
en general están ya virtualmente desbordados

پرولتاریہ کے حالات میں، بڑے پیمانے پر پرانے معاشرے کے لوگ
پہلے ہی عملی طور پر دلدل میں ڈوبے ہوئے ہیں۔

El proletario carece de propiedad

پرولتاریہ جائیداد سے محروم ہے

su relación con su mujer y sus hijos ya no tiene nada en
común con las relaciones familiares de la burguesía

اپنی بیوی اور بچوں کے ساتھ اس کے تعلقات میں بورژوازی کے
خاندانی تعلقات سے اب کوئی مماثلت نہیں ہے۔

el trabajo industrial moderno, el sometimiento moderno al
capital, lo mismo en Inglaterra que en Francia, en Estados
Unidos como en Alemania

جدید صنعتی مزدوری، سرمائے کے ماتحت، انگلینڈ میں فرانس کی
طرح، امریکہ میں جرمنی کی طرح

Su condición en la sociedad lo ha despojado de todo rastro
de carácter nacional

معاشرے میں ان کی حالت نے انہیں قومی کردار کے ہر نشان سے
محروم کر دیا ہے۔

El derecho, la moral, la religión, son para él otros tantos
prejuicios burgueses

قانون، اخلاقیات، مذہب، ان کے نزدیک بورژوازی کے بہت سے
تعصبات ہیں۔

y detrás de estos prejuicios acechan emboscados otros tantos
intereses burgueses

اور ان تعصبات کے پیچھے بہت سے بورژوازی مفادات کی طرح
گھات لگانا بھی پوشیدہ ہے۔

Todas las clases precedentes que se impusieron trataron de
fortalecer su estatus ya adquirido

پچھلی تمام کلاسیں جنہیں بالادستی حاصل تھی، نے اپنی پہلے سے حاصل کردہ حیثیت کو مستحکم کرنے کی کوشش کی۔

Lo hicieron sometiendo a la sociedad en general a sus condiciones de apropiación

انہوں نے یہ کام معاشرے کو بڑے پیمانے پر اپنی تخصیص کی شرائط کے تابع کرکے کیا۔

Los proletarios no pueden llegar a ser dueños de las fuerzas productivas de la sociedad

پرولتاریہ معاشرے کی پیداواری قوتوں کے مالک نہیں بن سکتے

sólo puede hacerlo aboliendo su propio modo anterior de apropiación

یہ صرف اپنے سابقہ طریقہ کار کو ختم کرکے ہی ایسا کر سکتا ہے۔

y, por lo tanto, también suprime cualquier otro modo anterior de apropiación

اور اس طرح یہ تخصیص کے ہر دوسرے سابقہ طریقہ کار کو بھی ختم کر دیتا ہے۔

No tienen nada propio que asegurar y fortificar

ان کے پاس محفوظ کرنے اور مضبوط کرنے کے لئے کچھ بھی نہیں ہے

Su misión es destruir todos los valores y seguros anteriores de la propiedad individual

ان کا مشن انفرادی جائیداد کے لئے سابقہ تمام سیکورٹیز اور انشورنس کو تباہ کرنا ہے۔

Todos los movimientos históricos anteriores fueron movimientos de minorías

پچھلی تمام تاریخی تحریکیں اقلیتوں کی تحریکیں تھیں۔

o eran movimientos en interés de las minorías

یا وہ اقلیتوں کے مفاد میں تحریکیں تھیں۔

El movimiento proletario es el movimiento consciente e independiente de la inmensa mayoría

پرولتاریہ تحریک بے پناہ اکثریت کی خود ساختہ، آزاد تحریک ہے۔

Y es un movimiento en interés de la inmensa mayoría

اور یہ ایک بڑی اکثریت کے مفاد میں ایک تحریک ہے

El proletariado, el estrato más bajo de nuestra sociedad actual

پرولتاریہ، ہمارے موجودہ معاشرے کا سب سے نچلا طبقہ

no puede agitarse ni elevarse sin que todos los estratos
superiores de la sociedad oficial salgan al aire

یہ اس وقت تک خود کو ہلا نہیں سکتا اور نہ ہی خود کو بلند کر سکتا
ہے جب تک کہ سرکاری معاشرے کے پورے اعلیٰ سطحی طبقے کو
ہوا میں نہ اڑایا جائے۔

Aunque no en el fondo, sí en la forma, la lucha del
proletariado con la burguesía es, al principio, una lucha
nacional

اگرچہ حقیقت میں نہیں، لیکن شکل میں، بورژوازی کے ساتھ پرولتاریہ
کی جدوجہد سب سے پہلے ایک قومی جدوجہد ہے۔

El proletariado de cada país debe, por supuesto, en primer
lugar arreglar las cosas con su propia burguesía

یقینا ہر ملک کے پرولتاریہ کو سب سے پہلے اپنے بورژوازی کے
ساتھ معاملات طے کرنے ہوں گے۔

Al describir las fases más generales del desarrollo del
proletariado, hemos trazado la guerra civil más o menos
velada

پرولتاریہ کی ترقی کے سب سے عام مراحل کی عکاسی کرتے ہوئے،
ہم نے کم و بیش پردے والی خانہ جنگی کا سراغ لگایا۔

Este civil está haciendo estragos dentro de la sociedad
existente

موجودہ معاشرے کے اندر یہ تہذیب سراپا احتجاج ہے

Se enfurecerá hasta el punto en que esa guerra estalle en una
revolución abierta

یہ اس حد تک بھڑک اٹھے گا کہ یہ جنگ کھلے انقلاب کی شکل اختیار
کر لے گی۔

y luego el derrocamiento violento de la burguesía sienta las
bases para el dominio del proletariado

اور پھر بورژوازی کا پرتشدد تختہ الٹنے سے پرولتاریہ کے غلبے کی
بنیاد رکھی گئی۔

Hasta ahora, todas las formas de sociedad se han basado,
como ya hemos visto, en el antagonismo de las clases
opresoras y oprimidas

اب تک معاشرے کی ہر شکل کی بنیاد، جیسا کہ ہم پہلے ہی دیکھ
چکے ہیں، مظلوم اور محکوم طبقات کی دشمنی پر مبنی ہے۔

Pero para oprimir a una clase, hay que asegurarle ciertas condiciones

لیکن کسی طبقے پر ظلم کرنے کے لیے اس کے لیے کچھ شرائط کو یقینی بنانا ضروری ہے۔

La clase debe ser mantenida en condiciones en las que pueda, por lo menos, continuar su existencia servil

اس طبقے کو ایسے حالات میں رکھا جانا چاہیے جن میں وہ کم از کم اپنے وجود کو جاری رکھ سکے۔

El siervo, en el período de la servidumbre, se elevaba a la comuna

غلامی کے دور میں سرف نے خود کو کمیون کی رکنیت تک پہنچایا۔

del mismo modo que la pequeña burguesía, bajo el yugo del absolutismo feudal, logró convertirse en burguesía

جس طرح جاگیردارانہ آمریت کے بوجھ تلے دبی چھوٹی بورژوازی بورژوازی بورژوازی بننے میں کامیاب رہی۔

El obrero moderno, por el contrario, en lugar de elevarse con el progreso de la industria, se hunde cada vez más

اس کے برعکس جدید مزدور صنعت کی ترقی کے ساتھ آگے بڑھنے کے بجائے گہرا اور گہرا ہوتا جا رہا ہے۔

se hunde por debajo de las condiciones de existencia de su propia clase

وہ اپنے ہی طبقے کے وجود کی شرائط سے نیچے ڈوب جاتا ہے

Se convierte en un indigente, y el pauperismo se desarrolla más rápidamente que la población y la riqueza

وہ غریب بن جاتا ہے، اور غریبی آبادی اور دولت سے زیادہ تیزی سے ترقی کرتی ہے

Y aquí se hace evidente que la burguesía ya no es apta para ser la clase dominante de la sociedad

اور یہاں یہ بات واضح ہو جاتی ہے کہ بورژوازی اب معاشرے میں حکمران طبقہ بننے کے قابل نہیں ہے۔

y no es apta para imponer sus condiciones de existencia a la sociedad como una ley imperativa

اور یہ معاشرے پر اپنے وجود کی شرائط کو ایک حد سے زیادہ سوار قانون کے طور پر مسلط کرنے کے قابل نہیں ہے۔

Es incapaz de gobernar porque es incapaz de asegurar una existencia a su esclavo dentro de su esclavitud

وہ حکومت کرنے کے قابل نہیں ہے کیونکہ وہ اپنے غلام کو اس کی
غلامی میں اپنے وجود کی یقین دہانی کرانے میں ناابل ہے۔

porque no puede evitar dejarlo hundirse en tal estado, que
tiene que alimentarlo, en lugar de ser alimentado por él

کیونکہ یہ اسے ایسی حالت میں ڈوبنے دینے کے بغیر نہیں رہ سکتا کہ
اسے کھلانے کے بجائے اسے کھانا کھلانا پڑے۔

La sociedad ya no puede vivir bajo esta burguesía

معاشرہ اب اس بورژوازی کے تحت نہیں رہ سکتا

En otras palabras, su existencia ya no es compatible con la
sociedad

دوسرے لفظوں میں، اس کا وجود اب معاشرے کے ساتھ مطابقت نہیں
رکھتا ہے

La condición esencial para la existencia y el dominio de la
burguesía es la formación y el aumento del capital

بورژوازی طبقے کے وجود اور غلبے کے لیے لازمی شرط سرمائے
کی تشکیل اور اس میں اضافہ ہے۔

La condición del capital es el trabajo asalariado

سرمائے کی شرط اجرت مزدوری ہے۔

El trabajo asalariado se basa exclusivamente en la
competencia entre los trabajadores

مزدوری صرف مزدوروں کے درمیان مسابقت پر منحصر ہے

El avance de la industria, cuyo promotor involuntario es la
burguesía, sustituye al aislamiento de los obreros

صنعت کی ترقی، جس کا غیر رضاکارانہ پروموٹر بورژوازی ہے،
مزدوروں کی تنہائی کی جگہ لے لیتا ہے۔

por la competencia, por su combinación revolucionaria, por
la asociación

مسابقت کی وجہ سے، ان کے انقلابی امتزاج کی وجہ سے، ایسوسی
ایشن کی وجہ سے

El desarrollo de la industria moderna corta bajo sus pies los
cimientos mismos sobre los cuales la burguesía produce y se
apropia de los productos

جدید صنعت کی ترقی اس کے پیروں تلے سے اس بنیاد کو ختم کر
دیتی ہے جس پر بورژوازی مصنوعات تیار کرتی ہے اور ان کا
استعمال کرتی ہے۔

Lo que la burguesía produce, sobre todo, son sus propios
sepultureros

بورژوازی جو کچھ پیدا کرتی ہے، سب سے بڑھ کر، وہ اس کے اپنے
قبر کھودنے والے ہیں۔

La caída de la burguesía y la victoria del proletariado son
igualmente inevitables

بورژوازی کا زوال اور پرولتاریہ کی فتح یکساں طور پر ناگزیر ہے۔

Proletarios y comunistas
پرولتاریہ اور کمیونسٹ

¿Qué relación tienen los comunistas con el conjunto de los proletarios?

کمیونسٹ مجموعی طور پر پرولتاریہ کے ساتھ کس تعلق میں کھڑے ہیں؟

Los comunistas no forman un partido separado opuesto a otros partidos de la clase obrera

کمیونسٹ دیگر محنت کش جماعتوں کے مقابلے میں ایک علیحدہ پارٹی تشکیل نہیں دیتے ہیں۔

No tienen intereses separados y aparte de los del proletariado en su conjunto

ان کے پاس پرولتاریہ کے مفادات سے الگ اور الگ کوئی مفاد نہیں ہے۔

No establecen ningún principio sectario propio, con el cual dar forma y moldear el movimiento proletario

وہ اپنا کوئی فرقہ وارانہ اصول قائم نہیں کرتے، جس کے ذریعے پرولتاریہ تحریک کو تشکیل دیا جا سکے اور اسے اور ڈھالا جا سکے۔

Los comunistas se distinguen de los demás partidos obreros sólo por dos cosas

کمیونسٹ دیگر محنت کش وں کی جماعتوں سے صرف دو چیزوں سے ممتاز ہیں۔

En primer lugar, señalan y ponen en primer plano los intereses comunes de todo el proletariado, independientemente de toda nacionalidad

سب سے پہلے، وہ تمام قومیتوں سے قطع نظر پورے پرولتاریہ کے مشترکہ مفادات کی نشاندہی کرتے ہیں اور سامنے لاتے ہیں۔

Esto lo hacen en las luchas nacionales de los proletarios de los diferentes países

یہ وہ مختلف ممالک کے پرولتاریوں کی قومی جدوجہد میں کرتے ہیں۔

En segundo lugar, siempre y en todas partes representan los intereses del movimiento en su conjunto

دوسری بات یہ ہے کہ وہ ہمیشہ اور ہر جگہ مجموعی طور پر تحریک کے مفادات کی نمائندگی کرتے ہیں۔

esto lo hacen en las diversas etapas de desarrollo por las que
tiene que pasar la lucha de la clase obrera contra la
burguesía

یہ وہ ترقی کے مختلف مراحل میں کرتے ہیں، جس سے بورژوازی
کے خلاف محنت کش طبقے کی جدوجہد کو گزرنا پڑتا ہے۔

Los comunistas son, por lo tanto, por una parte,
prácticamente, el sector más avanzado y resuelto de los
partidos obreros de todos los países

لہٰذا کمیونسٹ ایک طرف عملی طور پر ہر ملک کی محنت کش
جماعتوں کا سب سے زیادہ ترقی یافتہ اور پر عزم طبقہ ہیں۔

Son ese sector de la clase obrera que empuja hacia adelante a
todos los demás

یہ محنت کش طبقے کا وہ طبقہ ہے جو باقی سب کو آگے بڑھاتا ہے۔

Teóricamente, también tienen la ventaja de entender
claramente la línea de marcha

نظریاتی طور پر، انہیں مارچ کی لائن کو واضح طور پر سمجھنے کا
فائدہ بھی ہے

Esto lo comprenden mejor comparado con la gran masa del
proletariado

یہ وہ پرولتاریہ کی عظیم آبادی کے مقابلے میں بہتر سمجھتے ہیں

Comprenden las condiciones y los resultados generales
finales del movimiento proletario

وہ حالات کو سمجھتے ہیں، اور پرولتاریہ تحریک کے حتمی عمومی
نتائج کو سمجھتے ہیں

El objetivo inmediato del comunista es el mismo que el de
todos los demás partidos proletarios

کمیونسٹ کا فوری مقصد وہی ہے جو دیگر تمام پرولتاریہ جماعتوں کا
ہے۔

Su objetivo es la formación del proletariado en una clase

ان کا مقصد پرولتاریہ کو ایک طبقے میں تبدیل کرنا ہے۔

su objetivo es derrocar la supremacía burguesa

ان کا مقصد بورژوازی بالادستی کا تختہ الٹنا ہے

la lucha por la conquista del poder político por el
proletariado

پرولتاریہ کے ذریعہ سیاسی اقتدار کی فتح کے لئے جدوجہد

Las conclusiones teóricas de los comunistas no se basan en modo alguno en ideas o principios de reformadores

کمیونسٹوں کے نظریاتی نتائج کسی بھی طرح مصلحین کے نظریات یا اصولوں پر مبنی نہیں ہیں۔

no fueron los aspirantes a reformadores universales los que inventaron o descubrieron las conclusiones teóricas de los comunistas

یہ عالمگیر اصلاح پسند نہیں تھے جنہوں نے کمیونسٹوں کے نظریاتی نتائج ایجاد یا دریافت کیے۔

Se limitan a expresar, en términos generales, las relaciones reales que surgen de una lucha de clases existente

وہ صرف عام الفاظ میں موجودہ طبقاتی جدوجہد سے پیدا ہونے والے حقیقی تعلقات کا اظہار کرتے ہیں۔

Y describen el movimiento histórico que está ocurriendo ante nuestros propios ojos y que ha creado esta lucha de clases

اور وہ ہماری آنکھوں کے نیچے جاری تاریخی تحریک کو بیان کرتے ہیں جس نے اس طبقاتی جدوجہد کو جنم دیا ہے۔

La abolición de las relaciones de propiedad existentes no es en absoluto un rasgo distintivo del comunismo

موجودہ جائیداد کے تعلقات کا خاتمہ کمیونزم کی ایک مخصوص خصوصیت نہیں ہے۔

Todas las relaciones de propiedad en el pasado han estado continuamente sujetas a cambios históricos

ماضی میں تمام املاک کے تعلقات مسلسل تاریخی تبدیلیوں کے تابع رہے ہیں۔

y estos cambios fueron consecuencia del cambio en las condiciones históricas

اور یہ تبدیلیاں تاریخی حالات میں تبدیلی کے نتیجے میں ہوئیں۔

La Revolución Francesa, por ejemplo, abolió la propiedad feudal en favor de la propiedad burguesa

مثال کے طور پر فرانس کے انقلاب نے بورژوازی جائیداد کے حق میں جاگیردارانہ جائیداد کا خاتمہ کر دیا۔

El rasgo distintivo del comunismo no es la abolición de la propiedad, en general

کمیونزم کی امتیازی خصوصیت عام طور پر جائیداد کا خاتمہ نہیں ہے۔

pero el rasgo distintivo del comunismo es la abolición de la propiedad burguesa

لیکن کمیونزم کی امتیازی خصوصیت بورژوازی جائیداد کا خاتمہ ہے۔

Pero la propiedad privada de la burguesía moderna es la expresión última y más completa del sistema de producción y apropiación de productos

لیکن جدید بورژوازی نجی ملکیت مصنوعات کی پیداوار اور قبضے کے نظام کا حتمی اور مکمل اظہار ہے۔

Es el estado final de un sistema que se basa en los antagonismos de clase, donde el antagonismo de clase es la explotación de la mayoría por unos pocos

یہ ایک ایسے نظام کی حتمی حالت ہے جو طبقاتی دشمنی پر مبنی ہے، جہاں طبقاتی دشمنی چند لوگوں کے ذریعہ بہت سے لوگوں کا استحصال ہے۔

En este sentido, la teoría de los comunistas puede resumirse en una sola frase; la abolición de la propiedad privada

اس لحاظ سے کمیونسٹوں کے نظریے کا خلاصہ ایک جملے میں کیا جا سکتا ہے۔ نجی املاک کا خاتمہ

A los comunistas se nos ha reprochado el deseo de abolir el derecho de adquirir personalmente la propiedad

ہم کمیونسٹوں کو ذاتی طور پر جائیداد حاصل کرنے کے حق کو ختم کرنے کی خواہش کے ساتھ ملامت کی گئی ہے۔

Se afirma que esta propiedad es el fruto del propio trabajo de un hombre

یہ دعوی کیا جاتا ہے کہ یہ جائیداد انسان کی اپنی محنت کا پھل ہے۔

y se alega que esta propiedad es la base de toda libertad, actividad e independencia personal.

اور یہ جائیداد مبینہ طور پر تمام ذاتی آزادی، سرگرمی اور آزادی کی بنیاد ہے۔

"¡Propiedad ganada con esfuerzo, adquirida por uno mismo, ganada por uno mismo!"

"محنت سے جیتی گئی، خود سے حاصل کردہ، خود سے کمائی گئی جائیداد!"

¿Te refieres a la propiedad del pequeño artesano y del pequeño campesino?

کیا آپ کا مطلب چھوٹے کاریگر اور چھوٹے کسان کی ملکیت ہے؟

¿Te refieres a una forma de propiedad que precedió a la forma burguesa?

کیا آپ کا مطلب جائیداد کی ایک شکل ہے جو بورژوازی شکل سے پہلے تھی؟

No hay necesidad de abolir eso, el desarrollo de la industria ya lo ha destruido en gran medida

اسے ختم کرنے کی کوئی ضرورت نہیں ہے، صنعت کی ترقی نے پہلے ہی اسے کافی حد تک تباہ کر دیا ہے۔

y el desarrollo de la industria sigue destruyéndola diariamente

اور صنعت کی ترقی اب بھی اسے روزانہ تباہ کر رہی ہے

¿O te refieres a la propiedad privada de la burguesía moderna?

یا آپ کا مطلب جدید بورژوازی کی نجی ملکیت ہے؟

Pero, ¿crea el trabajo asalariado alguna propiedad para el trabajador?

لیکن کیا مزدوری مزدور کے لیے کوئی جائیداد پیدا کرتی ہے؟

¡No, el trabajo asalariado no crea ni una pizca de este tipo de propiedad!

نہیں، مزدوری اس قسم کی جائیداد کا ایک ٹکڑا بھی پیدا نہیں کرتی ہے

Lo que sí crea el trabajo asalariado es capital; ese tipo de propiedad que explota el trabajo asalariado

مزدوری جو پیدا کرتی ہے وہ سرمایہ ہے۔ وہ جائیداد جو اجرت مزدوری کا استحصال کرتی ہے

El capital no puede aumentar sino a condición de engendrar una nueva oferta de trabajo asalariado para una nueva explotación

سرمائے میں اضافہ اس شرط کے بغیر نہیں ہو سکتا کہ نئے استحصال کے لیے مزدوری کی نئی فراہمی کو بھول جائیں۔

La propiedad, en su forma actual, se basa en el antagonismo entre el capital y el trabajo asalariado

جائیداد، اپنی موجودہ شکل میں، سرمائے اور اجرت مزدوری کی دشمنی پر مبنی ہے۔

Examinemos los dos lados de este antagonismo

آئیے اس دشمنی کے دونوں پہلوؤں کا جائزہ لیں

Ser capitalista es tener no sólo un estatus puramente personal

سرمایہ دار ہونے کا مطلب نہ صرف خالص ذاتی حیثیت کا ہونا ہے۔

En cambio, ser capitalista es también tener un estatus social en la producción

اس کے بجائے، سرمایہ دار ہونے کا مطلب پیداوار میں ایک سماجی حیثیت بھی ہے۔

porque el capital es un producto colectivo; Sólo mediante la acción unida de muchos miembros puede ponerse en marcha

کیونکہ سرمایہ ایک اجتماعی پیداوار ہے۔ بہت سے ارکان کے متحدہ اقدام سے ہی اسے حرکت میں لایا جا سکتا ہے۔

Pero esta acción unida es el último recurso, y en realidad requiere de todos los miembros de la sociedad

لیکن یہ متحدہ اقدام ایک آخری راستہ ہے، اور درحقیقت معاشرے کے تمام ارکان کی ضرورت ہے۔

El capital se convierte en propiedad de todos los miembros de la sociedad

سرمائے کو معاشرے کے تمام افراد کی ملکیت میں تبدیل کر دیا جاتا ہے

pero el Capital no es, por lo tanto, un poder personal; Es un poder social

لیکن سرمایہ، لہذا، ایک ذاتی طاقت نہیں ہے ۔ یہ ایک سماجی طاقت ہے

Así, cuando el capital se convierte en propiedad social, la propiedad personal no se transforma en propiedad social

لہذا جب سرمائے کو سماجی ملکیت میں تبدیل کیا جاتا ہے تو ، ذاتی ملکیت اس طرح معاشرتی ملکیت میں تبدیل نہیں ہوتی ہے۔

Lo único que cambia es el carácter social de la propiedad y pierde su carácter de clase

یہ صرف جائیداد کا سماجی کردار ہے جو تبدیل ہوتا ہے ، اور اپنا طبقاتی کردار کھو دیتا ہے۔

Veamos ahora el trabajo asalariado

آئیے اب اجرت مزدوری پر نظر ڈالتے ہیں

El precio medio del trabajo asalariado es el salario mínimo, es decir, la cantidad de medios de subsistencia

مزدوری کی اوسط قیمت کم از کم اجرت ہے، یعنی گزر بسر کے ذرائع کی مقدار

Este salario es absolutamente necesario en la mera existencia
de un obrero

ایک مزدور کی حیثیت سے وجود میں یہ اجرت بالکل ضروری ہے۔

Por lo tanto, lo que el asalariado se apropia por medio de su
trabajo, sólo basta para prolongar y reproducir una
existencia desnuda

لہٰذا، مزدور اپنی محنت کے ذریعے جو کچھ حاصل کرتا ہے، وہ
صرف ایک ننگے وجود کو طول دینے اور دوبارہ پیدا کرنے کے لیے
کافی ہے۔

De ninguna manera pretendemos abolir esta apropiación
personal de los productos del trabajo

ہم کسی بھی طرح سے مزدوروں کی مصنوعات کے اس ذاتی استعمال
کو ختم کرنے کا ارادہ نہیں رکھتے ہیں

una apropiación que se hace para el mantenimiento y la
reproducción de la vida humana

ایک تخصیص جو انسانی زندگی کی دیکھ بھال اور افزائش کے لئے
کی جاتی ہے

Tal apropiación personal de los productos del trabajo no
deja ningún excedente con el que ordenar el trabajo de otros

مزدوری کی مصنوعات کے اس طرح کے ذاتی استعمال سے دوسروں
کی محنت کو کنٹرول کرنے کے لئے کوئی اضافی رقم نہیں بچتی ہے۔

Lo único que queremos eliminar es el carácter miserable de
esta apropiación

ہم جو کچھ بھی ختم کرنا چاہتے ہیں، وہ اس تخصیص کا افسوسناک
کردار ہے۔

la apropiación bajo la cual vive el obrero sólo para aumentar
el capital

وہ تخصیص جس کے تحت مزدور صرف سرمائے میں اضافہ کرنے
کے لئے زندگی گزارتا ہے

Sólo se le permite vivir en la medida en que lo exija el
interés de la clase dominante

اسے صرف اس حد تک رہنے کی اجازت ہے جہاں تک حکمران
طبقے کے مفاد کا تقاضا ہو۔

En la sociedad burguesa, el trabajo vivo no es más que un
medio para aumentar el trabajo acumulado

بورژوازی معاشرے میں، زندہ محنت صرف جمع شدہ مزدوری کو بڑھانے کا ایک ذریعہ ہے

En la sociedad comunista, el trabajo acumulado no es más que un medio para ampliar, para enriquecer y para promover la existencia del obrero

کمیونسٹ معاشرے میں جمع شدہ محنت مزدور کے وجود کو وسعت دینے، مالا مال کرنے اور فروغ دینے کا ایک ذریعہ ہے۔

En la sociedad burguesa, por lo tanto, el pasado domina al presente

بورژوازی معاشرے میں ماضی حال پر حاوی ہے۔

en la sociedad comunista el presente domina al pasado

کمیونسٹ معاشرے میں حال ماضی پر حاوی ہے

En la sociedad burguesa el capital es independiente y tiene individualidad

بورژوازی معاشرے میں سرمایہ آزاد ہے اور انفرادیت رکھتا ہے۔

En la sociedad burguesa la persona viva es dependiente y no tiene individualidad

بورژوازی معاشرے میں زندہ شخص منحصر ہے اور اس کی کوئی انفرادیت نہیں ہے۔

¡Y la abolición de este estado de cosas es llamada por la burguesía, abolición de la individualidad y de la libertad!

اور اس حالت کے خاتمے کو بورژوازی، انفرادیت اور آزادی کا خاتمہ کہتے ہیں!

¡Y con razón se llama la abolición de la individualidad y de la libertad!

اور اسے بجا طور پر انفرادیت اور آزادی کا خاتمہ کہا جاتا ہے!

El comunismo aspira a la abolición de la individualidad burguesa

کمیونزم کا مقصد بورژوازی انفرادیت کا خاتمہ ہے

El comunismo pretende la abolición de la independencia burguesa

کمیونزم بورژوازی کی آزادی کے خاتمے کا ارادہ رکھتا ہے

La libertad burguesa es, sin duda, a lo que aspira el comunismo

بورژوازی کی آزادی بلاشبہ کمیونزم کا مقصد ہے

en las actuales condiciones de producción de la burguesía, la libertad significa libre comercio, libre venta y compra

پیداوار کے موجودہ بورژوازی حالات کے تحت ، آزادی کا مطلب آزاد تجارت ، آزاد فروخت اور خریداری ہے۔

Pero si desaparece la venta y la compra, también desaparece la libre venta y la compra

لیکن اگر خرید و فروخت غائب ہو جائے تو مفت خرید و فروخت بھی غائب ہو جاتی ہے۔

Las "palabras valientes" de la burguesía sobre la libre venta y compra sólo tienen sentido en un sentido limitado

بورژوازی کے مفت فروخت اور خرید و فروخت کے بارے میں بہادر الفاظ "صرف محدود معنوں میں معنی رکھتے ہیں۔"

Estas palabras tienen significado solo en contraste con la venta y la compra restringidas

یہ الفاظ محدود فروخت اور خرید و فروخت کے بر عکس صرف معنی رکھتے ہیں۔

y estas palabras sólo tienen sentido cuando se aplican a los comerciantes encadenados de la Edad Media

اور یہ الفاظ صرف اس وقت معنی رکھتے ہیں جب ان کا اطلاق قرون وسطیٰ کے تاجروں پر ہوتا ہے۔

y eso supone que estas palabras incluso tienen un significado en un sentido burgués

اور یہ فرض کرتا ہے کہ یہ الفاظ بورژوازی معنوں میں بھی معنی رکھتے ہیں۔

pero estas palabras no tienen ningún significado cuando se usan para oponerse a la abolición comunista de la compra y venta

لیکن ان الفاظ کا کوئی مطلب نہیں ہے جب انہیں خرید و فروخت کے کمیونسٹ انہدام کی مخالفت کرنے کے لئے استعمال کیا جا رہا ہے۔

las palabras no tienen sentido cuando se usan para oponerse a la abolición de las condiciones de producción de la burguesía

ان الفاظ کا کوئی مطلب نہیں ہے جب انہیں بورژوازی کی پیداواری شرائط کو ختم کرنے کی مخالفت کرنے کے لئے استعمال کیا جا رہا ہے۔

y no tienen ningún sentido cuando se utilizan para oponerse a la abolición de la propia burguesía

اور جب انہیں بورژوازی کے خاتمے کی مخالفت کرنے کے لئے استعمال کیا جا رہا ہے تو ان کا کوئی مطلب نہیں ہے۔

Ustedes están horrorizados de nuestra intención de acabar con la propiedad privada

آپ ہماری نجی جائیداد کو ختم کرنے کے ارادے سے خوفزدہ ہیں

Pero en la sociedad actual, la propiedad privada ya ha sido eliminada para las nueve décimas partes de la población

لیکن آپ کے موجودہ معاشرے میں آبادی کے دسویں حصے کے لیے نجی املاک پہلے ہی ختم ہو چکی ہیں۔

La existencia de la propiedad privada para unos pocos se debe únicamente a su inexistencia en manos de las nueve décimas partes de la población

چند لوگوں کے لئے نجی ملکیت کا وجود صرف آبادی کے دسویں حصے کے ہاتھوں میں اس کی عدم موجودگی کی وجہ سے ہے۔

Por lo tanto, nos reprochas que pretendamos acabar con una forma de propiedad

لہٰذا آپ ہمیں اس نیت سے بدنام کرتے ہیں کہ کسی قسم کی جائیداد کو ختم کر دیا جائے۔

Pero la propiedad privada requiere la inexistencia de propiedad alguna para la inmensa mayoría de la sociedad

لیکن نجی ملکیت معاشرے کی بڑی اکثریت کے لئے کسی بھی جائیداد کی عدم موجودگی کا تقاضا کرتی ہے۔

En una palabra, nos reprochas que pretendamos acabar con tu propiedad

ایک لفظ میں، آپ ہمیں اپنی جائیداد کو ختم کرنے کے ارادے کے ساتھ ملامت کرتے ہیں

Y es precisamente así; prescindir de su propiedad es justo lo que pretendemos

اور بالکل ایسا ہی ہے۔ آپ کی جائیداد کو ختم کرنا وہی ہے جو ہم ارادہ رکھتے ہیں

Desde el momento en que el trabajo ya no puede convertirse en capital, dinero o renta

اس لمحے سے جب مزدوری کو سرمائے، پیسے یا کرایہ میں تبدیل نہیں کیا جا سکتا

cuando el trabajo ya no puede convertirse en un poder social
capaz de ser monopolizado

جب مزدوروں کو ایک ایسی سماجی طاقت میں تبدیل نہیں کیا جا سکتا
جو اجارہ داری کے قابل ہو ۔

desde el momento en que la propiedad individual ya no
puede transformarse en propiedad burguesa

اس لمحے سے جب انفرادی ملکیت کو بورژوازی جائیداد میں تبدیل
نہیں کیا جاسکتا ہے

desde el momento en que la propiedad individual ya no
puede transformarse en capital

اس لمحے سے جب انفرادی ملکیت کو سرمائے میں تبدیل نہیں کیا
جاسکتا ہے

A partir de ese momento, dices que la individualidad se
desvanece

اس لمحے سے، آپ کہتے ہیں کہ انفرادیت غائب ہو جاتی ہے

Debéis confesar, pues, que por "individuo" no os referimos a
otra persona que a la burguesía

لہٰذا آپ کو اعتراف کرنا ہوگا کہ "فرد "سے آپ کا مطلب بورژوازی
کے علاوہ کوئی اور شخص نہیں ہے۔

Debes confesar que se refiere específicamente al propietario
de una propiedad de clase media

آپ کو اعتراف کرنا ہوگا کہ یہ خاص طور پر جائیداد کے متوسط
طبقے کے مالک کی طرف اشارہ کرتا ہے

Esta persona debe, en verdad, ser barrida del camino, y
hecha imposible

درحقیقت اس شخص کو راستے سے نکال دیا جانا چاہیے اور ناممکن
بنا دیا جانا چاہیے۔

El comunismo no priva a ningún hombre del poder de
apropiarse de los productos de la sociedad

کمیونزم کسی بھی شخص کو معاشرے کی مصنوعات پر قبضہ کرنے
کی طاقت سے محروم نہیں کرتا

todo lo que hace el comunismo es privarlo del poder de
subyugar el trabajo de otros por medio de tal apropiación

کمیونزم جو کچھ بھی کرتا ہے وہ یہ ہے کہ اسے اس طاقت سے
محروم کر دیا جائے کہ وہ اس طرح کے استحصال کے ذریعے
دوسروں کی محنت کو زیر کر سکے۔

Se ha objetado que, tras la abolición de la propiedad privada, cesará todo trabajo

اعتراض کیا گیا ہے کہ نجی املاک کے خاتمے پر تمام کام بند ہوجائیں گے۔

y entonces se sugiere que la pereza universal se apoderará de nosotros

اور پھر یہ تجویز کیا جاتا ہے کہ عالمگیر کاہلی ہم پر غالب آجائے گی۔

De acuerdo con esto, la sociedad burguesa debería haber ido hace mucho tiempo a los perros por pura ociosidad

اس کے مطابق بورژوازی معاشرے کو بہت پہلے کتوں کے پاس جانا چاہیے تھا۔

porque los de sus miembros que trabajan, no adquieren nada

کیونکہ اس کے ارکان میں سے جو کام کرتے ہیں وہ کچھ حاصل نہیں کرتے ہیں

y los de sus miembros que adquieren algo, no trabajan

اور اس کے ارکان میں سے جو کچھ حاصل کرتے ہیں وہ کام نہیں کرتے۔

Toda esta objeción no es más que otra expresión de la tautología

یہ سارا اعتراض صرف ٹوٹولوجی کا ایک اور اظہار ہے۔

Ya no puede haber trabajo asalariado cuando ya no hay capital

جب کوئی سرمایہ نہیں ہے تو اب کوئی اجرت مزدور نہیں ہو سکتا

No hay diferencia entre los productos materiales y los productos mentales

مادی مصنوعات اور ذہنی مصنوعات کے درمیان کوئی فرق نہیں ہے

El comunismo propone que ambos se producen de la misma manera

کمیونزم تجویز کرتا ہے کہ یہ دونوں ایک ہی طرح سے تیار کیے جاتے ہیں

pero las objeciones contra los modos comunistas de producirlos son las mismas

لیکن ان کی پیداوار کے کمیونسٹ طریقوں کے خلاف اعتراضات ایک جیسے ہیں۔

para la burguesía, la desaparición de la propiedad de clase es
la desaparición de la producción misma

بورژوازی کے نزدیک طبقاتی املاک کا غائب ہونا خود پیداوار کا
غائب ہونا ہے۔

De modo que la desaparición de la cultura de clase es para él
idéntica a la desaparición de toda cultura

لہٰذا طبقاتی ثقافت کا غائب ہونا ان کے نزدیک تمام ثقافتوں کے غائب
ہونے کے مترادف ہے۔

Esa cultura, cuya pérdida lamenta, es para la inmensa
mayoría un mero entrenamiento para actuar como una
máquina

وہ ثقافت، جس کے نقصان پر وہ افسوس کا اظہار کرتے ہیں، بڑی
اکثریت کے لیے محض ایک مشین کے طور پر کام کرنے کی تربیت
ہے۔

Los comunistas tienen la firme intención de abolir la cultura
de la propiedad burguesa

کمیونسٹ بورژوازی جائیداد کی ثقافت کو ختم کرنے کا ارادہ رکھتے
ہیں

Pero no discutan con nosotros mientras apliquen el estándar
de sus nociones burguesas de libertad, cultura, ley, etc

لیکن جب تک آپ آزادی، ثقافت، قانون وغیرہ کے اپنے بورژوازی
تصورات کے معیار کو لاگو کرتے ہیں تب تک ہم سے جھگڑا نہ کریں۔

Vuestras mismas ideas no son más que el resultado de las
condiciones de la producción burguesa y de la propiedad
burguesa

آپ کے خیالات صرف آپ کی بورژوازی پیداوار اور بورژوازی کی
ملکیت کے حالات سے باہر ہیں۔

del mismo modo que vuestra jurisprudencia no es más que
la voluntad de vuestra clase convertida en ley para todos

جیسا کہ آپ کی فقہ ہے لیکن آپ کے طبقے کی مرضی سب کے لئے
ایک قانون بن گئی ہے

El carácter esencial y la dirección de esta voluntad están
determinados por las condiciones económicas que crea su
clase social

اس وصیت کے بنیادی کردار اور سمت کا تعین آپ کے سماجی طبقے
کے پیدا کردہ معاشی حالات سے ہوتا ہے۔

El concepto erróneo egoísta que te induce a transformar las formas sociales en leyes eternas de la naturaleza y de la razón

وہ خود غرض غلط فہمی جو آپ کو معاشرتی شکلوں کو فطرت اور عقل کے ابدی قوانین میں تبدیل کرنے کی ترغیب دیتی ہے

las formas sociales que brotan de vuestro actual modo de producción y de vuestra forma de propiedad

آپ کی پیداوار کے موجودہ طریقہ کار اور جائیداد کی شکل سے جنم لینے والی سماجی شکلیں

relaciones históricas que surgen y desaparecen en el progreso de la producción

تاریخی تعلقات جو پیداوار کی ترقی میں ابھرتے اور غائب ہوتے ہیں

Este concepto erróneo lo compartes con todas las clases dominantes que te han precedido

یہ غلط فہمی آپ سے پہلے کے ہر حکمران طبقے کے ساتھ بانٹتے ہیں۔

Lo que se ve claramente en el caso de la propiedad antigua, lo que se admite en el caso de la propiedad feudal

قدیم جائیداد کے معاملے میں آپ جو واضح طور پر دیکھتے ہیں، جاگیردارانہ جائیداد کے معاملے میں آپ کیا تسلیم کرتے ہیں

estas cosas, por supuesto, le está prohibido admitir en el caso de su propia forma burguesa de propiedad

یہ چیزیں جو آپ کو اپنی بورژوازی قسم کی جائیداد کے معاملے میں قبول کرنے سے منع کیا گیا ہے

¡Abolición de la familia! Hasta los más radicales estallan ante esta infame propuesta de los comunistas

خاندان کا خاتمہ !یہاں تک کہ کمیونسٹوں کی اس بدنام زمانہ تجویز پر سب سے زیادہ شدت پسندانہ آگ بھڑک اٹھی۔

¿Sobre qué base se asienta la familia actual, la familia Bourgeoisie?

موجودہ خاندان، بورژوازی خاندان، کس بنیاد پر قائم ہے؟

La base de la familia actual se basa en el capital y la ganancia privada

موجودہ خاندان کی بنیاد سرمائے اور نجی منافع پر مبنی ہے۔

En su forma completamente desarrollada, esta familia sólo existe entre la burguesía

اپنی مکمل طور پر ترقی یافتہ شکل میں یہ خاندان صرف بورژوازی میں موجود ہے۔

Este estado de cosas encuentra su complemento en la ausencia práctica de la familia entre los proletarios

یہ حالت پرولتاریہ میں خاندان کی عملی غیر موجودگی میں اس کی تکمیل پاتی ہے۔

Este estado de cosas se puede encontrar en la prostitución pública

چیزوں کی یہ حالت عوامی جسم فروشی میں پائی جا سکتی ہے

La familia Bourgeoisie se desvanecerá como algo natural cuando su complemento se desvanezca

بورژوازی خاندان یقینا اس وقت غائب ہو جائے گا جب اس کی تکمیل ختم ہو جائے گی۔

y ambos se desvanecerán con la desaparición del capital

اور یہ دونوں سرمائے کے غائب ہونے کے ساتھ غائب ہو جائیں گے۔

¿Nos acusan de querer detener la explotación de los niños por parte de sus padres?

کیا آپ ہم پر الزام عائد کرتے ہیں کہ ہم اپنے والدین کی طرف سے بچوں کے استحصال کو روکنا چاہتے ہیں؟

De este crimen nos declaramos culpables

اس جرم کا ہم اعتراف کرتے ہیں

Pero, dirás, destruimos la más sagrada de las relaciones, cuando reemplazamos la educación en el hogar por la educación social

لیکن، آپ کہیں گے، جب ہم گھریلو تعلیم کو سماجی تعلیم سے تبدیل کرتے ہیں تو ہم سب سے مقدس تعلقات کو تباہ کر دیتے ہیں۔

¿No es también social su educación? ¿Y no está determinado por las condiciones sociales en las que se educa?

کیا آپ کی تعلیم بھی سماجی نہیں ہے؟ اور کیا اس کا تعین ان سماجی حالات سے نہیں ہوتا جن کے تحت آپ تعلیم حاصل کرتے ہیں؟

por la intervención, directa o indirecta, de la sociedad, por medio de las escuelas, etc.

معاشرے کی براہ راست یا بالواسطہ مداخلت کے ذریعے، اسکولوں وغیرہ کے ذریعے۔

Los comunistas no han inventado la intervención de la sociedad en la educación

کمیونسٹوں نے تعلیم میں معاشرے کی مداخلت ایجاد نہیں کی ہے۔

lo único que pretenden es alterar el carácter de esa
intervención

وہ اس مداخلت کے کردار کو تبدیل کرنے کی کوشش کرتے ہیں

y buscan rescatar la educación de la influencia de la clase
dominante

اور وہ تعلیم کو حکمران طبقے کے اثر و رسوخ سے بچانے کی
کوشش کرتے ہیں۔

La burguesía habla de la sagrada correlación entre padres e
hijos

بورژوازی والدین اور بچے کے مقدس باہمی تعلق کی بات کرتی ہے

pero esta trampa sobre la familia y la educación se vuelve
aún más repugnante cuando miramos a la industria moderna

لیکن جب ہم جدید صنعت پر نظر ڈالتے ہیں تو خاندان اور تعلیم کے
بارے میں یہ تالیاں اور بھی گھناؤنی ہو جاتی ہیں۔

Todos los lazos familiares entre los proletarios son
desgarrados por la industria moderna

پرولتاریہ کے درمیان تمام خاندانی تعلقات جدید صنعت کی وجہ سے
ٹوٹ چکے ہیں۔

Sus hijos se transforman en simples artículos de comercio e
instrumentos de trabajo

ان کے بچے تجارت کے سادہ مضامین اور مزدوری کے آلات میں
تبدیل ہو جاتے ہیں۔

Pero vosotros, los comunistas, creáis una comunidad de
mujeres, grita a coro toda la burguesía

لیکن آپ کمیونسٹ عورتوں کی ایک کمیونٹی بنائیں گے، پوری
بورژوازی آواز میں چیختی ہے

La burguesía ve en su mujer un mero instrumento de
producción

بورژوازی اپنی بیوی کو محض پیداوار کا آلہ سمجھتا ہے

Oye que los instrumentos de producción deben ser
explotados por todos

وہ سنتا ہے کہ پیداوار کے آلات سے سب کو فائدہ اٹھانا ہے

Y, naturalmente, no puede llegar a otra conclusión que la de
que la suerte de ser común a todos recaerá igualmente en las
mujeres

اور فطری طور پر وہ اس نتیجے پر نہیں پہنچ سکتا کہ سب کے لیے مشترک ہونے کی ذمہ داری بھی عورتوں پر عائد ہوگی۔

Ni siquiera sospecha que el verdadero objetivo es acabar con la condición de la mujer como meros instrumentos de producción

انہیں یہ شک بھی نہیں ہے کہ اصل نکتہ یہ ہے کہ خواتین کی حیثیت کو محض پیداوار کے آلات کے طور پر ختم کیا جائے۔

Por lo demás, nada es más ridículo que la virtuosa indignación de nuestra burguesía contra la comunidad de mujeres

باقی لوگوں کے لئے، عورتوں کی برادری پر ہماری بورژوازی کے نیک غصے سے زیادہ مضحکہ خیز کچھ بھی نہیں ہے۔

pretenden que sea abierta y oficialmente establecida por los comunistas

وہ دکھاوا کرتے ہیں کہ یہ کھلے عام اور سرکاری طور پر کمیونسٹوں کی طرف سے قائم کیا گیا ہے

Los comunistas no tienen necesidad de introducir la comunidad de mujeres, ha existido casi desde tiempos inmemoriales

کمیونسٹوں کو خواتین کی برادری متعارف کرانے کی کوئی ضرورت نہیں ہے، یہ تقریبا قدیم زمانے سے موجود ہے۔

Nuestra burguesía no se contenta con tener a su disposición a las mujeres e hijas de sus proletarios

ہماری بورژوازی اس بات سے مطمئن نہیں ہے کہ ان کے پرولتاریوں کی بیویاں اور بیٹیاں ان کے پاس ہیں۔

Tienen el mayor placer en seducir a las esposas de los demás

وہ ایک دوسرے کی بیویوں کو دھوکہ دینے میں سب سے زیادہ خوشی لیتے ہیں۔

Y eso sin hablar de las prostitutas comunes

اور یہ عام طوائفوں کے بارے میں بات کرنے کے لئے بھی نہیں ہے

El matrimonio burgués es en realidad un sistema de esposas en común

بورژوازی شادی دراصل بیویوں کا ایک ایسا نظام ہے جو مشترک ہے۔

entonces hay una cosa que se podría reprochar a los comunistas

پھر ایک چیز ہے جس پر کمیونسٹوں کو ممکنہ طور پر ملامت کی جا سکتی ہے

Desean introducir una comunidad de mujeres abiertamente legalizada

وہ خواتین کی ایک کھلی قانونی برادری متعارف کروانا چاہتے ہیں

en lugar de una comunidad de mujeres hipócritamente oculta

بجائے اس کے کہ خواتین کی منافقانہ طور پر پوشیدہ کمیونٹی

la comunidad de mujeres que surgen del sistema de producción

پیداوار کے نظام سے جنم لینے والی خواتین کی برادری

abolid el sistema de producción y abolid la comunidad de mujeres

پیداوار کے نظام کو ختم کریں، اور آپ عورتوں کی برادری کو ختم کریں

Se suprime la prostitución pública y la prostitución privada

عوامی جسم فروشی اور نجی جسم فروشی دونوں کو ختم کر دیا گیا ہے

A los comunistas se les reprocha, además, que desean abolir los países y las nacionalidades

کمیونسٹوں کو ممالک اور قومیت کو ختم کرنے کی خواہش پر مزید ملامت کی جاتی ہے۔

Los trabajadores no tienen patria, así que no podemos quitarles lo que no tienen

محنت کشوں کا کوئی ملک نہیں ہے، اس لیے ہم ان سے وہ نہیں لے سکتے جو انہیں نہیں ملا۔

El proletariado debe, ante todo, adquirir la supremacía política

پرولتاریہ کو سب سے پہلے سیاسی بالادستی حاصل کرنی ہوگی

El proletariado debe elevarse para ser la clase dirigente de la nación

پرولتاریہ کو ملک کا سرکردہ طبقہ بننے کے لئے ابھرنا ہوگا

El proletariado debe constituirse en la nación

پرولتاریہ کو خود کو قوم بنانا ہوگا

es, hasta ahora, nacional, aunque no en el sentido burgués de la palabra

یہ اب تک بذات خود قومی ہے، اگرچہ بورژوازی معنوں میں نہیں۔

Las diferencias nacionales y los antagonismos entre los pueblos desaparecen cada día más

لوگوں کے درمیان قومی اختلافات اور دشمنیاں روز بروز ختم ہوتی جا رہی ہیں۔

debido al desarrollo de la burguesía, a la libertad de comercio, al mercado mundial

بورژوازی کی ترقی، تجارت کی آزادی، عالمی منڈی کی وجہ سے

a la uniformidad en el modo de producción y en las condiciones de vida correspondientes

پیداوار کے طریقہ کار اور اس کے مطابق زندگی کے حالات میں یکسانیت

La supremacía del proletariado hará que desaparezcan aún más rápidamente

پرولتاریہ کی بالادستی انہیں تیزی سے غائب کرنے کا سبب بنے گی

La acción unida, al menos de los principales países civilizados, es una de las primeras condiciones para la emancipación del proletariado

کم از کم معروف مہذب ممالک کی مشترکہ کارروائی پرولتاریہ کی آزادی کے لئے پہلی شرائط میں سے ایک ہے۔

En la medida en que se ponga fin a la explotación de un individuo por otro, también se pondrá fin a la explotación de una nación por otra.

جس تناسب سے ایک فرد کے ذریعہ دوسرے فرد کے استحصال کو ختم کیا جائے گا ، اسی تناسب سے ایک قوم کے ذریعہ دوسری قوم کا استحصال بھی ختم ہوجائے گا۔

A medida que desaparezca el antagonismo entre las clases dentro de la nación, la hostilidad de una nación hacia otra llegará a su fin

جس تناسب سے قوم کے اندر طبقات کے درمیان دشمنی ختم ہو جائے گی، ایک قوم کی دوسری قوم سے دشمنی ختم ہو جائے گی۔

Las acusaciones contra el comunismo hechas desde un punto de vista religioso, filosófico y, en general, ideológico, no merecen un examen serio

کمیونزم کے خلاف مذہبی، فلسفیانہ اور عام طور پر نظریاتی نقطہ نظر سے لگائے گئے الزامات سنجیدہ جانچ کے مستحق نہیں ہیں۔

¿Se requiere una intuición profunda para comprender que las ideas, puntos de vista y concepciones del hombre cambian con cada cambio en las condiciones de su existencia material?

کیا یہ سمجھنے کے لئے گہری بصیرت کی ضرورت ہے کہ انسان کے خیالات، نظریات اور تصورات اس کے مادی وجود کے حالات میں ہر تبدیلی کے ساتھ تبدیل ہوتے رہتے ہیں؟

¿No es obvio que la conciencia del hombre cambia cuando cambian sus relaciones sociales y su vida social?

کیا یہ واضح نہیں ہے کہ انسان کا شعور اس وقت تبدیل ہوتا ہے جب اس کے سماجی تعلقات اور اس کی معاشرتی زندگی تبدیل ہوتی ہے؟

¿Qué otra cosa prueba la historia de las ideas sino que la producción intelectual cambia de carácter a medida que cambia la producción material?

خیالات کی تاریخ اس کے علاوہ اور کیا ثابت کرتی ہے کہ مادی پیداوار کے تناسب سے فکری پیداوار اپنے کردار کو تبدیل کرتی ہے؟

Las ideas dominantes de cada época han sido siempre las ideas de su clase dominante

ہر دور کے حکمران نظریات ہمیشہ سے اس کے حکمران طبقے کے خیالات رہے ہیں۔

Cuando se habla de ideas que revolucionan la sociedad, no hace más que expresar un hecho

جب لوگ معاشرے میں انقلاب لانے والے خیالات کی بات کرتے ہیں تو وہ صرف ایک حقیقت کا اظہار کرتے ہیں۔

Dentro de la vieja sociedad, se han creado los elementos de una nueva

پرانے معاشرے کے اندر، ایک نئے معاشرے کے عناصر پیدا ہوئے ہیں

y que la disolución de las viejas ideas sigue el mismo ritmo que la disolución de las viejas condiciones de existencia

اور یہ کہ پرانے خیالات کی تحلیل وجود کے پرانے حالات کی تحلیل کے ساتھ بھی چلتی رہتی ہے۔

Cuando el mundo antiguo estaba en sus últimos estertores, las religiones antiguas fueron vencidas por el cristianismo

جب قدیم دنیا اپنے آخری مراحل میں تھی، تو قدیم مذاہب پر عیسائیت نے غلبہ پا لیا تھا۔

Cuando las ideas cristianas sucumbieron en el siglo XVIII a las ideas racionalistas, la sociedad feudal libró su batalla a muerte contra la burguesía revolucionaria de entonces

اٹھارہویں صدی میں جب عیسائی نظریات عقلی نظریات کے آگے جھک گئے تو جاگیردارانہ معاشرے نے اس وقت کے انقلابی بورژوازی کے ساتھ اپنی موت کی جنگ لڑی۔

Las ideas de la libertad religiosa y de la libertad de conciencia no hacían más que expresar el dominio de la libre competencia en el dominio del conocimiento

مذہبی آزادی اور ضمیر کی آزادی کے تصورات نے علم کے دائرے میں آزاد مسابقت کے غلبے کو محض اظہار دیا۔

"Indudablemente", se dirá, "las ideas religiosas, morales, filosóficas y jurídicas se han modificado en el curso del desarrollo histórico"

یہ کہا جائے گا کہ "بلاشبہ تاریخی ترقی کے دوران مذہبی، اخلاقی فلسفیانہ اور قانونی نظریات میں تبدیلی ان کی گئی ہیں۔

"Pero la religión, la filosofía de la moral, la ciencia política y el derecho, sobrevivieron constantemente a este cambio"

لیکن مذہب، اخلاقیات کا فلسفہ، سیاسیات اور قانون اس تبدیلی سے مسلسل بچ گئے۔

"También hay verdades eternas, como la Libertad, la Justicia, etc."

"ابدی سچائیاں بھی ہیں، جیسے آزادی، انصاف، وغیرہ"

"Estas verdades eternas son comunes a todos los estados de la sociedad"

"یہ ابدی سچائیاں معاشرے کی تمام ریاستوں میں مشترک ہیں"

"Pero el comunismo suprime las verdades eternas, suprime toda religión y toda moral"

لیکن کمیونزم ابدی سچائیوں کو ختم کر دیتا ہے، یہ تمام مذہب اور تمام اخلاقیات کو ختم کر دیتا ہے۔

"Lo hace en lugar de constituirlos sobre una nueva base"

"یہ انہیں ایک نئی بنیاد پر تشکیل دینے کے بجائے ایسا کرتا ہے"

"Por lo tanto, actúa en contradicción con toda la experiencia histórica pasada"

لہٰذا یہ ماضی کے تمام تاریخی تجربات کے منافی ہے۔

¿A qué se reduce esta acusación?

یہ الزام خود کو کس چیز تک محدود کرتا ہے؟

La historia de toda la sociedad pasada ha consistido en el desarrollo de antagonismos de clase

ماضی کے تمام معاشروں کی تاریخ طبقاتی دشمنیوں کی نشوونما پر مشتمل رہی ہے۔

antagonismos que asumieron diferentes formas en diferentes épocas

دشمنیاں جنہوں نے مختلف ادوار میں مختلف شکلیں اختیار کیں

Pero cualquiera que sea la forma que hayan tomado, un hecho es común a todas las épocas pasadas

لیکن انہوں نے جو بھی شکل اختیار کی ہو، ایک حقیقت پچھلی عمر کے تمام لوگوں کے لئے مشترک ہے۔

la explotación de una parte de la sociedad por la otra

معاشرے کے ایک حصے کا دوسرے حصے کا استحصال

No es de extrañar, pues, que la conciencia social de épocas pasadas se mueva dentro de ciertas formas comunes o ideas generales

اس میں کوئی تعجب کی بات نہیں ہے کہ ماضی کا سماجی شعور کچھ عام شکلوں یا عام خیالات کے اندر گھومتا ہے۔

(y eso a pesar de toda la multiplicidad y variedad que muestra)

(اور یہ تمام کثرت اور تنوع کے باوجود ہے جو اس میں ظاہر ہوتا ہے)

y éstos no pueden desaparecer por completo sino con la desaparición total de los antagonismos de clase

اور طبقاتی دشمنیوں کے مکمل طور پر غائب ہونے کے سوا یہ مکمل طور پر ختم نہیں ہو سکتے۔

La revolución comunista es la ruptura más radical con las relaciones tradicionales de propiedad

کمیونسٹ انقلاب روایتی جائیداد کے تعلقات کے ساتھ سب سے زیادہ انقلابی ٹوٹ پھوٹ ہے

No es de extrañar que su desarrollo implique la ruptura más radical con las ideas tradicionales

کوئی تعجب کی بات نہیں ہے کہ اس کی ترقی میں روایتی خیالات کے ساتھ سب سے زیادہ انقلابی ٹوٹ پھوٹ شامل ہے۔

Pero dejemos de lado las objeciones de la burguesía al comunismo

لیکن آئیے کمیونزم پر بورژوازی کے اعتراضات کے ساتھ کیا کریں

Hemos visto más arriba el primer paso de la revolución de la clase obrera

ہم نے محنت کش طبقے کی طرف سے انقلاب کے پہلے قدم کو اوپر دیکھا ہے۔

Hay que elevar al proletariado a la posición de gobernante, para ganar la batalla de la democracia

جمہوریت کی جنگ جیتنے کے لیے پرولتاریہ کو حکمران کے عہدے تک پہنچانا ہوگا

El proletariado utilizará su supremacía política para arrebatar, poco a poco, todo el capital a la burguesía

پرولتاریہ اپنی سیاسی بالادستی کو استعمال کرتے ہوئے بورژوازی سے تمام سرمائے چھین لے گا۔

centralizará todos los instrumentos de producción en manos del Estado

یہ پیداوار کے تمام آلات کو ریاست کے ہاتھوں میں مرکزیت دے گا۔

En otras palabras, el proletariado organizado como clase dominante

دوسرے لفظوں میں، پرولتاریہ حکمران طبقے کے طور پر منظم ہوا

y aumentará el total de las fuerzas productivas lo más rápidamente posible

اور یہ جتنی جلدی ممکن ہو پیداواری قوتوں کی کل تعداد میں اضافہ کرے گا

Por supuesto, al principio, esto no puede llevarse a cabo sino por medio de incursiones despóticas en los derechos de propiedad

یقیناً، ابتداء میں، یہ جائیداد کے حقوق پر مطلق العنان مداخلت کے بغیر اثر انداز نہیں کیا جا سکتا ہے۔

y tiene que lograrse en las condiciones de la producción burguesa

اور اسے بورژوازی پیداوار کی شرائط پر حاصل کرنا ہوگا۔

Por lo tanto, se logra mediante medidas que parecen económicamente insuficientes e insostenibles

لہٰذا یہ اقدامات کے ذریعہ حاصل کیا جاتا ہے ، جو معاشی طور پر ناکافی اور ناقابل برداشت دکھائی دیتے ہیں۔

pero estos medios, en el curso del movimiento, se superan a sí mismos

لیکن ان کا مطلب یہ ہے کہ تحریک کے دوران خود کو پیچھے چھوڑ دیتے ہیں۔

Requieren nuevas incursiones en el viejo orden social

انہیں پرانے سماجی نظام پر مزید قدم جمانے کی ضرورت ہے۔

y son ineludibles como medio de revolucionar por completo el modo de producción

اور وہ پیداوار کے طریقہ کار کو مکمل طور پر انقلاب ی شکل دینے کے ذریعہ کے طور پر ناگزیر ہیں۔

Por supuesto, estas medidas serán diferentes en los distintos países

یہ اقدامات یقیناً مختلف ممالک میں مختلف ہوں گے۔

Sin embargo, en los países más avanzados, lo siguiente será de aplicación bastante general

تاہم، سب سے زیادہ ترقی یافتہ ممالک میں، مندرجہ ذیل عام طور پر لاگو ہوں گے.

1. Abolición de la propiedad de la tierra y aplicación de todas las rentas de la tierra a fines públicos.

زمین میں جائیداد کا خاتمہ اور عوامی مقاصد کے لئے زمین کے تمام کرایوں کا اطلاق۔

2. Un fuerte impuesto progresivo o gradual sobre la renta.

2. بھاری ترقی پسند یا گریجویٹ انکم ٹیکس.

3. Abolición de todo derecho de herencia.

3. وراثت کے تمام حقوق کا خاتمہ۔

4. Confiscación de los bienes de todos los emigrantes y rebeldes.

4. تمام تارکین وطن اور باغیوں کی جائیداد ضبط کرنا.

5. Centralización del crédito en manos del Estado, por medio de un banco nacional de capital estatal y monopolio exclusivo.

5. ریاست کے سرمائے اور خصوصی اجارہ داری کے ساتھ ایک قومی بینک کے ذریعے ریاست کے ہاتھوں میں کریڈٹ کی مرکزیت۔

6. Centralización de los medios de comunicación y transporte en manos del Estado.

ریاست کے ہاتھوں میں مواصلات اور نقل و حمل کے ذرائع کی مرکزیت۔

7. Ampliación de fábricas e instrumentos de producción propiedad del Estado

7. ریاست کی ملکیت والی فیکٹریوں اور پیداواری آلات کی توسیع

la puesta en cultivo de tierras baldías y el mejoramiento del suelo en general de acuerdo con un plan común.

بنجر زمینوں کی کاشت میں لانا، اور عام طور پر ایک مشترکہ منصوبے کے مطابق مٹی کی بہتری۔

8. Igual responsabilidad de todos hacia el trabajo

8. مزدوروں کے لئے سب کی مساوی ذمہ داری

Establecimiento de ejércitos industriales, especialmente para la agricultura.

صنعتی افواج کا قیام، خاص طور پر زراعت کے لئے۔

9. Combinación de la agricultura con las industrias manufactureras

9. مینوفیکچرنگ صنعتوں کے ساتھ زراعت کا امتزاج

Abolición gradual de la distinción entre la ciudad y el campo, por una distribución más equitativa de la población en todo el país.

شہر اور ملک کے درمیان فرق کو بتدریج ختم کرنا ، ملک بھر میں آبادی کی زیادہ قابل اعتماد تقسیم کے ذریعہ۔

10. Educación gratuita para todos los niños en las escuelas públicas.

سرکاری اسکولوں میں تمام بچوں کے لئے مفت تعلیم۔

Abolición del trabajo infantil en las fábricas en su forma actual

بچوں کی فیکٹریوں کی مزدوری کا موجودہ شکل میں خاتمہ

Combinación de la educación con la producción industrial

صنعتی پیداوار کے ساتھ تعلیم کا امتزاج

Cuando, en el curso del desarrollo, las distinciones de clase han desaparecido

جب ترقی کے دوران طبقاتی تفریق ختم ہو گئی ہے

y cuando toda la producción se ha concentrado en manos de una vasta asociación de toda la nación

اور جب ساری پیداوار پوری قوم کی ایک وسیع انجمن کے ہاتھوں میں مرکوز ہو گئی ہو۔

entonces el poder público perderá su carácter político

پھر عوامی طاقت اپنا سیاسی کردار کھو دے گی۔

El poder político, propiamente dicho, no es más que el poder organizado de una clase para oprimir a otra

سیاسی طاقت، جسے مناسب طور پر کہا جاتا ہے، صرف ایک طبقے کی منظم طاقت ہے جو دوسرے پر ظلم کرتی ہے۔

Si el proletariado, en su lucha contra la burguesía, se ve obligado, por la fuerza de las circunstancias, a organizarse como clase

اگر بورژوازی کے ساتھ اپنے مقابلے کے دوران پرولتاریہ حالات کے زور پر خود کو ایک طبقے کے طور پر منظم کرنے پر مجبور ہو جائے۔

si, por medio de una revolución, se convierte en la clase dominante

اگر انقلاب کے ذریعے وہ خود کو حکمران طبقہ بنا لے۔

y, como tal, barre por la fuerza las viejas condiciones de producción

اور، اس طرح، یہ پیداوار کے پرانے حالات کو زبردستی ختم کر دیتا ہے

entonces, junto con estas condiciones, habrá barrido las condiciones para la existencia de los antagonismos de clase y de las clases en general

پھر اس نے ان حالات کے ساتھ ساتھ طبقاتی دشمنیوں اور عام طور پر طبقات کے وجود کے حالات کو ختم کر دیا ہوگا۔

y con ello habrá abolido su propia supremacía como clase.

اور اس طرح ایک طبقے کے طور پر اپنی بالادستی کو ختم کر دیں گے۔

En lugar de la vieja sociedad burguesa, con sus clases y sus antagonismos de clase, tendremos una asociación

پرانے بورژوازی معاشرے کی جگہ، اس کے طبقاتی اور طبقاتی دشمنیوں کے ساتھ، ہماری ایک انجمن ہوگی۔

una asociación en la que el libre desarrollo de cada uno sea la condición para el libre desarrollo de todos

ایک انجمن جس میں ہر ایک کی آزاد ترقی سب کی آزاد ترقی کے لئے شرط ہے

1) Socialismo reaccionario

رجعتی سوشلزم

a) Socialismo feudal

الف (جاگیردارانہ سوشلزم

las aristocracias de Francia e Inglaterra tenían una posición histórica única

فرانس اور انگلستان کی اریسٹوکریسیز کو ایک منفرد تاریخی مقام حاصل تھا۔

se convirtió en su vocación escribir panfletos contra la sociedad burguesa moderna

جدید بورژوازی معاشرے کے خلاف پمفلٹ لکھنا ان کا پیشہ بن گیا۔

En la Revolución Francesa de julio de 1830 y en la agitación reformista inglesa

جولائی 1830 کے فرانسیسی انقلاب میں ، اور انگریزوں کی اصلاحاتی تحریک میں۔

Estas aristocracias sucumbieron de nuevo ante el odioso advenedizo

یہ آرسٹوکریسیز ایک بار پھر نفرت انگیز اپ اسٹارٹ کے سامنے جھک گئے

A partir de entonces, una contienda política seria quedó totalmente fuera de discusión

اس کے بعد، ایک سنجیدہ سیاسی مقابلہ مکمل طور پر سوال سے باہر تھا۔

Todo lo que quedaba posible era una batalla literaria, no una batalla real

جو کچھ بھی ممکن رہا وہ ادبی جنگ تھی، حقیقی جنگ نہیں۔

Pero incluso en el dominio de la literatura, los viejos gritos del período de la restauración se habían vuelto imposibles

لیکن ادب کے میدان میں بھی بحالی کے دور کی پرانی چیخیں ناممکن ہو چکی تھیں۔

Para despertar simpatías, la aristocracia se vio obligada a perder de vista, aparentemente, sus propios intereses

ہمدردی پیدا کرنے کے لیے اشرافیہ کو مجبور کیا گیا کہ وہ بظاہر اپنے مفادات سے غافل ہو جائیں۔

y se vieron obligados a formular su acusación contra la burguesía en interés de la clase obrera explotada

اور وہ استحصال زدہ محنت کش طبقے کے مفاد میں بورژوازی کے خلاف اپنی فرد جرم عائد کرنے کے پابند تھے۔

Así, la aristocracia se vengó cantando sátiras a su nuevo amo

اس طرح اشرافیہ نے اپنے نئے آقا پر لیمپون گا کر اپنا بدلہ لے لیا۔

y se vengaron susurrándole al oído siniestras profecías de catástrofe venidera

اور انہوں نے اس کے کانوں میں آنے والی تباہی کی خوفناک پیشگوئیاں کرکے اپنا بدلہ لیا۔

De esta manera surgió el socialismo feudal: mitad lamentación, mitad sátira

اس طرح جاگیردارانہ سوشلزم نے جنم لیا :آدھا ماتم، آدھا لیمپون

Sonaba como medio eco del pasado y proyectaba mitad amenaza del futuro

یہ ماضی کی آدھی گونج کی طرح گونجتا ہے، اور مستقبل کے آدھے خطرے کی پیش گوئی کرتا ہے۔

a veces, con su crítica amarga, ingeniosa e incisiva, golpeó a la burguesía hasta la médula

بعض اوقات، اپنی تلخ، مضحکہ خیز اور تیز تنقید کے ذریعے، اس نے بورژوازی کو دل کی گہرائیوں تک پہنچا دیا۔

pero siempre fue ridículo en su efecto, por su total incapacidad para comprender la marcha de la historia moderna

لیکن یہ اپنے اثر میں ہمیشہ مضحکہ خیز تھا، جدید تاریخ کے سفر کو سمجھنے کی مکمل ناابلی کے ذریعے۔

La aristocracia, con el fin de atraer al pueblo hacia ellos, agitaba la bolsa de limosnas proletaria delante como una bandera

اشرافیہ نے لوگوں کو اپنی طرف راغب کرنے کے لیے ایک بینر کے
سامنے پرولتاریہ کا بھیک بیگ لہرایا۔

**Pero el pueblo, tan a menudo como se unía a ellos, veía en
sus cuartos traseros los antiguos escudos de armas feudales**

لیکن لوگوں نے، جب وہ ان کے ساتھ شامل ہوتے تھے، اپنے پچھلے
کوارٹرز پر پرانے جاگیردارانہ ہتھیاروں کے کوٹ دیکھے۔

y desertaron con carcajadas ruidosas e irreverentes

اور وہ زور دار اور مضحکہ خیز ہنسی کے ساتھ وہاں سے چلے گئے۔

**Un sector de los legitimistas franceses y de la "Joven
Inglaterra" exhibió este espectáculo**

فرانسیسی قانون دانوں اور "ینگ انگلینڈ "کے ایک حصے نے اس
تماشے کی نمائش کی۔

**los feudales señalaban que su modo de explotación era
diferente al de la burguesía**

جاگیرداروں نے نشاندہی کی کہ ان کے استحصال کا طریقہ بورژوازی
سے مختلف ہے۔

**Los feudales olvidan que explotaron en circunstancias y
condiciones muy diferentes**

جاگیردار بھول جاتے ہیں کہ انہوں نے ان حالات اور حالات میں
استحصال کیا جو بالکل مختلف تھے۔

**Y no se dieron cuenta de que tales métodos de explotación
ahora son anticuados**

اور انہوں نے یہ نہیں دیکھا کہ استحصال کے ایسے طریقے اب پرانے
ہو چکے ہیں۔

**demostraron que, bajo su gobierno, el proletariado moderno
nunca existió**

انہوں نے ظاہر کیا کہ ان کے دور حکومت میں جدید پرولتاریہ کا کبھی
وجود ہی نہیں تھا۔

**pero olvidan que la burguesía moderna es el vástago
necesario de su propia forma de sociedad**

لیکن وہ یہ بھول جاتے ہیں کہ جدید بورژوازی ان کے اپنے معاشرے
کی ضروری اولاد ہے۔

**Por lo demás, apenas ocultan el carácter reaccionario de su
crítica**

باقی لوگوں کے لیے، وہ شاید ہی اپنی تنقید کے رجعتی کردار کو
چھپاتے ہیں۔

su principal acusación contra la burguesía es la siguiente

بورژوازی کے خلاف ان کا سب سے بڑا الزام درج ذیل ہے۔

bajo el régimen de la burguesía se está desarrollando una clase social

بورژوازی حکومت کے تحت ایک سماجی طبقہ تیار ہو رہا ہے

Esta clase social está destinada a cortar de raíz el viejo orden de la sociedad

یہ سماجی طبقہ معاشرے کے پرانے نظام کی جڑوں کو کاٹنے اور شاخیں توڑنے کا مقدر ہے۔

Lo que reprochan a la burguesía no es tanto que cree un proletariado

وہ بورژوازی کو جس چیز سے متاثر کرتے ہیں وہ اتنا نہیں ہے کہ اس سے پرولتاریہ پیدا ہو۔

lo que reprochan a la burguesía es más bien que crea un proletariado revolucionario

انہوں نے بورژوازی کو جس چیز سے متاثر کیا وہ یہ ہے کہ اس سے ایک انقلابی پرولتاریہ پیدا ہوتا ہے۔

En la práctica política, por lo tanto, se unen a todas las medidas coercitivas contra la clase obrera

لہٰذا سیاسی عمل میں وہ محنت کش طبقے کے خلاف تمام جبری اقدامات میں شامل ہو جاتے ہیں۔

Y en la vida ordinaria, a pesar de sus frases altisonantes, se inclinan a recoger las manzanas de oro que caen del árbol de la industria

اور عام زندگی میں، اپنے اعلیٰ شہرت یافتہ جملے کے باوجود، وہ صنعت کے درخت سے گرائے گئے سنہری سیب اٹھانے کے لیے جھک جاتے ہیں۔

y trocan la verdad, el amor y el honor por el comercio de lana, azúcar de remolacha y aguardiente de patata

اور وہ اون، چقندر کی چینی اور آلو کی روحوں میں تجارت کے لئے سچائی، محبت اور عزت کا تبادلہ کرتے ہیں۔

Así como el párroco ha ido siempre de la mano con el terrateniente, así también lo ha hecho el socialismo clerical con el socialismo feudal

جس طرح پارسن نے کبھی جاگیردار کے ساتھ ہاتھ ملا کر کام کیا ہے، اسی طرح جاگیردارانہ سوشلزم کے ساتھ کلیریکل سوشلزم بھی ہوا ہے۔

Nada es más fácil que dar al ascetismo cristiano un tinte socialista

مسیحی توحید کو سوشلسٹ رنگ دینے سے زیادہ آسان کچھ بھی نہیں
ہے

¿No ha declamado el cristianismo contra la propiedad privada, contra el matrimonio, contra el Estado?

کیا مسیحیت نے نجی املاک، شادی کے خلاف اور ریاست کے خلاف دعویٰ نہیں کیا؟

¿No ha predicado el cristianismo en lugar de estos, la caridad y la pobreza?

کیا مسیحیت نے ان کی جگہ خیرات اور غربت کی تبلیغ نہیں کی؟

¿Acaso el cristianismo no predica el celibato y la mortificación de la carne, la vida monástica y la Madre Iglesia?

کیا مسیحیت برہمچاری اور جسم، خانقاہی زندگی اور مدر چرچ کی تدفین کی تبلیغ نہیں کرتی؟

El socialismo cristiano no es más que el agua bendita con la que el sacerdote consagra los ardores del corazón del aristócrata

عیسائی سوشلزم صرف وہ مقدس پانی ہے جس سے پادری اشرافیہ کے دل کی جلن کو مقدس بناتا ہے۔

b) Socialismo pequeñoburgués

ب (پیٹی بورژوا سوشلزم

La aristocracia feudal no fue la única clase arruinada por la burguesía

جاگیردارانہ اشرافیہ واحد طبقہ نہیں تھا جسے بورژوازی نے تباہ کر دیا تھا۔

no fue la única clase cuyas condiciones de existencia languidecieron y perecieron en la atmósfera de la sociedad burguesa moderna

یہ واحد طبقہ نہیں تھا جس کے وجود کے حالات جدید بورژوازی معاشرے کے ماحول میں ختم اور تباہ ہو گئے۔

Los burgueses medievales y los pequeños propietarios campesinos fueron los precursores de la burguesía moderna

قرون وسطی کے برجیس اور چھوٹے کسان مالکان جدید بورژوازی کے پیش رو تھے۔

En los países poco desarrollados, industrial y comercialmente, estas dos clases siguen vegetando una al lado de la otra

ان ممالک میں جو صنعتی اور تجارتی طور پر بہت کم ترقی یافتہ ہیں، یہ دونوں طبقات اب بھی ایک دوسرے کے شانہ بشانہ رہتے ہیں۔

y mientras tanto la burguesía se levanta junto a ellos: industrial, comercial y políticamente

اور اس دوران بورژوازی ان کے بغل میں کھڑی ہو گئی: صنعتی، تجارتی اور سیاسی طور پر۔

En los países donde la civilización moderna se ha desarrollado plenamente, se ha formado una nueva clase de pequeña burguesía

جن ممالک میں جدید تہذیب مکمل طور پر ترقی یافتہ ہو چکی ہے، وہاں چھوٹی بورژوازی کا ایک نیا طبقہ تشکیل پا چکا ہے۔

esta nueva clase social fluctúa entre el proletariado y la burguesía

یہ نیا سماجی طبقہ پرولتاریہ اور بورژوازی کے درمیان اتار چڑھاؤ کرتا ہے

y siempre se renueva como parte complementaria de la sociedad burguesa

اور یہ ہمیشہ بورژوازی معاشرے کے ایک ضمنی حصے کے طور پر
خود کو تجدید کرتا رہتا ہے۔

Sin embargo, los miembros individuales de esta clase son
constantemente arrojados al proletariado

تاہم، اس طبقے کے انفرادی ارکان کو مسلسل پرولتاریہ میں پھینکدیا جا
رہا ہے۔

son absorbidos por el proletariado a través de la acción de la
competencia

انہیں مسابقت کے عمل کے ذریعے پرولتاریہ کے ذریعے چوس لیا
جاتا ہے

A medida que la industria moderna se desarrolla, incluso
ven acercarse el momento en que desaparecerán por
completo como sección independiente de la sociedad
moderna

جیسے جیسے جدید صنعت ترقی کرتی ہے وہ وہ لمحہ بھی قریب آتے
ہوئے دیکھتے ہیں جب وہ جدید معاشرے کے ایک آزاد حصے کے
طور پر مکمل طور پر غائب ہوجائیں گے۔

Serán reemplazados, en las manufacturas, la agricultura y el
comercio, por vigilantes, alguaciles y tenderos

ان کی جگہ مینوفیکچرنگ، زراعت اور تجارت میں نظر انداز کرنے
والے، بیلف اور دکاندار لے لیں گے۔

En países como Francia, donde los campesinos constituyen
mucho más de la mitad de la población

فرانس جیسے ممالک میں، جہاں کسان آبادی کا نصف سے کہیں زیادہ
ہیں

era natural que hubiera escritores que se pusieran del lado
del proletariado contra la burguesía

یہ فطری بات تھی کہ ایسے لکھاری موجود ہیں جو بورژوازی کے
خلاف پرولتاریہ کا ساتھ دیتے ہیں۔

en su crítica al régimen burgués utilizaron el estandarte de la
pequeña burguesía campesina

بورژوازی حکومت پر تنقید میں انہوں نے کسان اور پیٹی بورژوازی
کے معیار کو استعمال کیا۔

Y desde el punto de vista de estas clases intermedias, toman
el garrote de la clase obrera

اور ان درمیانی طبقوں کے نقطہ نظر سے وہ محنت کش طبقے کے لئے کڈجیل اٹھاتے ہیں۔

Así surgió el socialismo pequeñoburgués, del que Sismondi era el jefe de esta escuela, no sólo en Francia, sino también en Inglaterra

اس طرح پیٹی بورژوازی سوشلزم پیدا ہوا ، جس کے سیسموندی اس اسکول کے سربراہ تھے ، نہ صرف فرانس میں بلکہ انگلستان میں بھی۔

Esta escuela del socialismo diseccionó con gran agudeza las contradicciones de las condiciones de producción moderna

سوشلزم کے اس مکتب فکر نے جدید پیداوار کے حالات میں تضادات کو بڑی شدت کے ساتھ تقسیم کیا۔

Esta escuela puso al descubierto las apologías hipócritas de los economistas

اس مکتب فکر نے ماہرین معاشیات کی منافقانہ معذرت کو بے نقاب کر دیا

Esta escuela demostró, incontrovertiblemente, los efectos desastrosos de la maquinaria y de la división del trabajo

اس اسکول نے مشینری اور مزدوروں کی تقسیم کے تباہ کن اثرات کو ناقابل تردید طور پر ثابت کیا۔

Probó la concentración del capital y de la tierra en pocas manos

اس نے چند ہاتھوں میں سرمائے اور زمین کے ارتکاز کو ثابت کیا۔

demostró cómo la sobreproducción conduce a las crisis de la burguesía

اس نے ثابت کیا کہ کس طرح زیادہ پیداوار بورژوازی بحران کا باعث بنتی ہے

señalaba la ruina inevitable de la pequeña burguesía y del campesino

اس نے چھوٹے بورژوازی اور کسانوں کی ناگزیر تباہی کی نشاندہی کی۔

la miseria del proletariado, la anarquía en la producción, las desigualdades flagrantes en la distribución de la riqueza

پرولتاریہ کی بدحالی، پیداوار میں انتشار ، دولت کی تقسیم میں بڑھتی ہوئی عدم مساوات

Mostró cómo el sistema de producción lidera la guerra industrial de exterminio entre naciones

اس سے پتہ چلتا ہے کہ کس طرح پیداوار کا نظام قوموں کے مابین تباہی کی صنعتی جنگ کی قیادت کرتا ہے۔

la disolución de los viejos lazos morales, de las viejas relaciones familiares, de las viejas nacionalidades

پرانے اخلاقی رشتوں، پرانے خاندانی تعلقات، پرانی قومیتوں کی تحلیل

Sin embargo, en sus objetivos positivos, esta forma de socialismo aspira a lograr una de dos cosas

تاہم، اپنے مثبت مقاصد میں، سوشلزم کی یہ شکل دو چیزوں میں سے ایک کو حاصل کرنے کی خواہش رکھتی ہے.

o bien pretende restaurar los antiguos medios de producción y de intercambio

یا تو اس کا مقصد پیداوار اور تبادلے کے پرانے ذرائع کو بحال کرنا ہے

y con los viejos medios de producción restauraría las viejas relaciones de propiedad y la vieja sociedad

اور پیداوار کے پرانے ذرائع سے یہ پرانے جائیداد کے تعلقات اور پرانے معاشرے کو بحال کرے گا۔

o pretende apretar los medios modernos de producción e intercambio en el viejo marco de las relaciones de propiedad

یا اس کا مقصد پیداوار اور تبادلے کے جدید ذرائع کو جائیداد کے تعلقات کے پرانے فریم ورک میں شامل کرنا ہے۔

En cualquier caso, es a la vez reaccionario y utópico

دونوں صورتوں میں ، یہ رجعتی اور یوٹوپیائی دونوں ہے۔

Sus últimas palabras son: gremios corporativos para la manufactura, relaciones patriarcales en la agricultura

اس کے آخری الفاظ یہ ہیں :مینوفیکچرنگ کے لئے کارپوریٹ گلڈز، زراعت میں پدرسری تعلقات

En última instancia, cuando los obstinados hechos históricos habían dispersado todos los efectos embriagadores del autoengaño

آخر کار، جب ضدی تاریخی حقائق نے خود فریبی کے تمام نشہ آور اثرات کو منتشر کر دیا تھا۔

esta forma de socialismo terminó en un miserable ataque de lástima

سوشلزم کی یہ شکل افسوس ناک حالت میں ختم ہوئی۔

c) Socialismo alemán o "verdadero"

ج (جرمن، یا "سچ"، سوشلزم

La literatura socialista y comunista de Francia se originó
bajo la presión de una burguesía en el poder

فرانس کا سوشلسٹ اور کمیونسٹ ادب برسراقتدار بورژوازی کے دباؤ
میں پیدا ہوا۔

Y esta literatura era la expresión de la lucha contra este
poder

اور یہ ادب اس طاقت کے خلاف جدوجہد کا اظہار تھا۔

se introdujo en Alemania en un momento en que la
burguesía acababa de comenzar su lucha contra el
absolutismo feudal

اسے جرمنی میں ایک ایسے وقت میں متعارف کرایا گیا تھا جب
بورژوازی نے جاگیردارانہ آمریت کے ساتھ اپنا مقابلہ شروع کیا تھا۔

Los filósofos alemanes, los aspirantes a filósofos y los beaux
esprits, se apoderaron con avidez de esta literatura

جرمن فلسفی، فلسفی اور بیکس مصنفین نے اس لٹریچر پر گہری
دلچسپی سے غور کیا۔

pero olvidaron que los escritos emigraron de Francia a
Alemania sin traer consigo las condiciones sociales francesas

لیکن وہ بھول گئے کہ فرانسیسی سماجی حالات کو ساتھ لائے بغیر یہ
تحریریں فرانس سے جرمنی منتقل ہوئیں۔

En contacto con las condiciones sociales alemanas, esta
literatura francesa perdió toda su significación práctica
inmediata

جرمن سماجی حالات سے رابطے میں یہ فرانسیسی ادب اپنی تمام
فوری عملی اہمیت کھو بیٹھا۔

y la literatura comunista de Francia asumió un aspecto
puramente literario en los círculos académicos alemanes

اور فرانس کے کمیونسٹ ادب نے جرمن تعلیمی حلقوں میں خالص
ادبی پہلو اختیار کر لیا۔

Así, las exigencias de la primera Revolución Francesa no eran más que las exigencias de la "Razón Práctica"

اس طرح ، پہلے فرانسیسی انقلاب کے مطالبات "عملی وجہ "کے مطالبات سے زیادہ کچھ نہیں تھے۔

y la expresión de la voluntad de la burguesía revolucionaria francesa significaba a sus ojos la ley de la voluntad pura

اور انقلابی فرانسیسی بورژوازی کی مرضی کے اظہار نے ان کی آنکھوں میں خالص ارادے کے قانون کی نشاندہی کی۔

significaba la Voluntad tal como estaba destinada a ser; de la verdadera Voluntad humana en general

اس نے وصیت کو اس طرح ظاہر کیا جیسا کہ یہ لازمی تھا۔ عام طور پر سچے انسان کی مرضی

El mundo de los literatos alemanes consistía únicamente en armonizar las nuevas ideas francesas con su antigua conciencia filosófica

جرمن ادب کی دنیا صرف نئے فرانسیسی نظریات کو ان کے قدیم فلسفیانہ ضمیر کے ساتھ ہم آہنگ کرنے پر مشتمل تھی۔

o mejor dicho, se anexionaron las ideas francesas sin abandonar su propio punto de vista filosófico

یا اس کے بجائے، انہوں نے اپنے فلسفیانہ نقطہ نظر کو چھوڑے بغیر فرانسیسی نظریات کو ضم کر لیا۔

Esta anexión se llevó a cabo de la misma manera en que se apropia una lengua extranjera, es decir, por traducción

یہ الحاق اسی طرح ہوا جس طرح کسی غیر ملکی زبان کا استعمال کیا جاتا ہے، یعنی ترجمہ کے ذریعے۔

Es bien sabido cómo los monjes escribieron vidas tontas de santos católicos sobre manuscritos

یہ سب جانتے ہیں کہ کس طرح راہبوں نے مخطوطات پر کیتھولک سنتوں کی احمقانہ زندگیاں لکھیں۔

los manuscritos sobre los que se habían escrito las obras clásicas del antiguo paganismo

وہ مخطوطات جن پر قدیم بیتھنڈوم کے کلاسیکی کام لکھے گئے تھے۔

Los literatos alemanes invirtieron este proceso con la literatura profana francesa

جرمن ادب نے اس عمل کو فرانسیسی ادب کے ساتھ الٹ دیا۔

Escribieron sus tonterías filosóficas bajo el original francés

انہوں نے فرانسیسی اصل کے نیچے اپنی فلسفیانہ فضول باتیں لکھیں۔

Por ejemplo, debajo de la crítica francesa a las funciones económicas del dinero, escribieron "Alienación de la humanidad"

مثال کے طور پر ، پیسے کے معاشی افعال پر فرانسیسی تنقید کے نیچے ، انہوں نے "انسانیت کی علیحدگی "لکھا۔

debajo de la crítica francesa al Estado, burgués escribieron "destronamiento de la categoría de general"

بورژوازی ریاست پر فرانسیسی تنقید کے نیچے انہوں نے "جنرل کے زمرے کا تختہ الٹنا "لکھا۔

La introducción de estas frases filosóficas en el reverso de las críticas históricas francesas las denominó:

فرانسیسی تاریخی تنقید کے پیچھے ان فلسفیانہ فقروں کا تعارف جسے انہوں نے کہا:

"Filosofía de la acción", "Socialismo verdadero", "Ciencia alemana del socialismo", "Fundamentos filosóficos del socialismo", etc

، "فلسفہ عمل"، "حقیقی سوشلزم"، "سوشلزم کی جرمن سائنس" سوشلزم کی فلسفیانہ بنیاد"، اور اسی طرح"

De este modo, la literatura socialista y comunista francesa quedó completamente castrada

اس طرح فرانسیسی سوشلسٹ اور کمیونسٹ ادب مکمل طور پر ختم ہو گیا۔

en manos de los filósofos alemanes dejó de expresar la lucha de una clase con la otra

جرمن فلسفیوں کے ہاتھوں میں اس نے ایک طبقے کی دوسرے طبقے کے ساتھ جدوجہد کا اظہار کرنا بند کر دیا۔

y así los filósofos alemanes se sintieron conscientes de haber superado la "unilateralidad francesa"

اور اس طرح جرمن فلسفیوں نے "فرانسیسی یک طرفہت "پر قابو پانے کا شعور محسوس کیا۔

no tenía que representar requisitos verdaderos, sino que representaba requisitos de verdad

اسے حقیقی تقاضوں کی نمائندگی کرنے کی ضرورت نہیں تھی ، بلکہ یہ سچائی کے تقاضوں کی نمائندگی کرتا تھا، ،

no había interés en el proletariado, más bien, había interés
en la Naturaleza Humana

پرولتاریہ میں کوئی دلچسپی نہیں تھی، بلکہ انسانی فطرت میں دلچسپی
تھی۔

el interés estaba en el Hombre en general, que no pertenece
a ninguna clase y no tiene realidad

دلچسپی عام طور پر انسان میں تھی ، جس کا تعلق کسی طبقے سے
نہیں ہے ، اور اس کی کوئی حقیقت نہیں ہے۔

Un hombre que sólo existe en el brumoso reino de la
fantasía filosófica

ایک آدمی جو صرف فلسفیانہ تصور کے دھندلے دائرے میں موجود
ہے

pero con el tiempo este colegial socialismo alemán también
perdió su inocencia pedante

لیکن آخر کار اس سکول کے طالب علم جرمن سوشلزم نے بھی اپنی
بے گناہی کھو دی۔

la burguesía alemana, y especialmente la burguesía
prusiana, lucharon contra la aristocracia feudal

جرمن بورژوازی اور خاص طور پر پروشیا بورژوازی نے
جاگیردارانہ اشرافیہ کے خلاف لڑائی لڑی۔

la monarquía absoluta de Alemania y Prusia también estaba
siendo combatida

جرمنی اور پروشیا کی مطلق بادشاہت کے خلاف بھی بغاوت کی جا
رہی تھی۔

Y a su vez, la literatura del movimiento liberal también se
hizo más seria

اور اس کے نتیجے میں لبرل تحریک کا ادب بھی زیادہ سنجیدہ ہو گیا۔

Se le ofreció a Alemania la tan deseada oportunidad del
"verdadero" socialismo

جرمنی میں "حقیقی "سوشلزم کے لئے دیرینہ موقع پیش کیا گیا

la oportunidad de confrontar al movimiento político con las
reivindicaciones socialistas

سوشلسٹ مطالبات کے ساتھ سیاسی تحریک کا مقابلہ کرنے کا موقع

la oportunidad de lanzar los anatemas tradicionales contra el
liberalismo

لبرل ازم کے خلاف روایتی انتہیما پھینکنے کا موقع

la oportunidad de atacar al gobierno representativo y a la competencia burguesa

نمائندہ حکومت اور بورژوازی مسابقت پر حملہ کرنے کا موقع

Libertad de prensa burguesa, Legislación burguesa, Libertad e igualdad burguesa

بورژوازی کی پریس کی آزادی، بورژوازی قانون سازی، بورژوازی کی آزادی اور مساوات

Todo esto ahora podría ser criticado en el mundo real, en lugar de en la fantasía

ان سب کو اب تصور کے بجائے حقیقی دنیا میں تنقید کا نشانہ بنایا جا سکتا ہے۔

La aristocracia feudal y la monarquía absoluta habían predicado durante mucho tiempo a las masas

جاگیردارانہ اشرافیہ اور مطلق العنان بادشاہت نے طویل عرصے سے عوام کو تبلیغ کی تھی۔

"El obrero no tiene nada que perder y tiene todo que ganar"

محنت کش آدمی کے پاس کھونے کے لئے کچھ نہیں ہے، اور اس" "کے پاس حاصل کرنے کے لئے سب کچھ ہے

el movimiento burgués también ofrecía la oportunidad de hacer frente a estos tópicos

بورژوازی تحریک نے بھی ان سازشوں کا مقابلہ کرنے کا موقع فراہم کیا۔

la crítica francesa presuponía la existencia de la sociedad burguesa moderna

فرانسیسی تنقید نے جدید بورژوازی معاشرے کے وجود کو پیش نظر رکھا

Las condiciones económicas de existencia de la burguesía y la constitución política de la burguesía

بورژوازی کے وجود کے معاشی حالات اور بورژوازی سیاسی آئین

las mismas cosas cuya consecución era el objeto de la lucha pendiente en Alemania

وہی چیزیں جن کا حصول جرمنی میں زیر التوا جدوجہد کا مقصد تھا

El estúpido eco del socialismo alemán abandonó estos objetivos justo a tiempo

جرمنی میں سوشلزم کی احمقانہ گونج نے وقت گزرنے کے ساتھ ہی ان اہداف کو ترک کر دیا۔

Los gobiernos absolutos tenían sus seguidores de párrocos, profesores, escuderos y funcionarios

مطلق العنان حکومتوں کے پاس پارسنز، پروفیسرز، کنٹری اسکوائرز اور افسران کی پیروی تھی۔

el gobierno de la época se enfrentó a los levantamientos de la clase obrera alemana con azotes y balas

اس وقت کی حکومت نے جرمن محنت کش طبقے کے ابھرتے ہوئے لوگوں کو کوڑے مارنے اور گولیوں سے نمٹا۔

para ellos este socialismo servía de espantapájaros contra la burguesía amenazadora

ان کے لیے اس سوشلزم نے خطرے سے دوچار بورژوازی کے خلاف ایک خوش آئند خوف کا کام کیا۔

y el gobierno alemán pudo ofrecer un postre dulce después de las píldoras amargas que repartió

اور جرمن حکومت کڑوی گولیاں دینے کے بعد میٹھی مٹھائی پیش کرنے میں کامیاب ہو گئی۔

este "verdadero" socialismo servía así a los gobiernos como arma para combatir a la burguesía alemana

اس طرح اس "حقیقی "سوشلزم نے جرمن بورژوازی سے لڑنے کے لئے حکومتوں کو ایک ہتھیار کے طور پر کام کیا۔

y, al mismo tiempo, representaba directamente un interés reaccionario; la de los filisteos alemanes

اور، ایک ہی وقت میں، یہ براہ راست ایک رجعتی دلچسپی کی نمائندگی کرتا ہے۔ جرمن فلسطینیوں کے بارے میں

En Alemania, la pequeña burguesía es la verdadera base social del actual estado de cosas

جرمنی میں پیٹی بورژوازی طبقہ موجودہ حالات کی حقیقی سماجی بنیاد ہے۔

Una reliquia del siglo XVI que ha ido surgiendo constantemente bajo diversas formas

سولہویں صدی کا ایک سلسلہ جو مسلسل مختلف شکلوں میں ابھر رہا ہے

Preservar esta clase es preservar el estado de cosas existente en Alemania

اس طبقے کو محفوظ رکھنے کا مطلب جرمنی میں موجودہ حالات کو برقرار رکھنا ہے۔

La supremacía industrial y política de la burguesía amenaza
a la pequeña burguesía con una destrucción segura

بورژوازی کی صنعتی اور سیاسی بالادستی چھوٹے بورژوازی کو
کچھ تباہی کے ساتھ خطرہ ہے

por un lado, amenaza con destruir a la pequeña burguesía a
través de la concentración del capital

ایک طرف، یہ سرمائے کے ارتکاز کے ذریعے چھوٹی بورژوازی کو
تباہ کرنے کی دھمکی دیتا ہے

por otra parte, la burguesía amenaza con destruirla mediante
el ascenso de un proletariado revolucionario

دوسری طرف بورژوازی ایک انقلابی پرولتاریہ کے عروج کے
ذریعے اسے تباہ کرنے کی دھمکی دیتی ہے۔

El "verdadero" socialismo parecía matar estos dos pájaros de
un tiro. Se extendió como una epidemia

سچا "سوشلزم ان دونوں پرندوں کو ایک پتھر سے مارتا دکھائی دیا۔"
یہ ایک وبا کی طرح پھیل گیا

El manto de telarañas especulativas, bordado con flores de
retórica, empapado en el rocío de un sentimiento enfermizo

قیاس آرائیوں پر مبنی جالوں کا لباس، جو بیان بازی کے پھولوں سے
کڑھائی کی گئی تھی، بیمار جذبات کی اوس میں ڈوبی ہوئی تھی۔

esta túnica trascendental en la que los socialistas alemanes
envolvían sus tristes "verdades eternas"

یہ روحانی لباس جس میں جرمن سوشلسٹوں نے اپنی افسوسناک "ابدی
سچائیوں "کو لپیٹ رکھا تھا۔

toda la piel y los huesos, sirvieron para aumentar
maravillosamente la venta de sus productos entre un público
tan

تمام جلد اور ہڈیاں، ایسے عوام کے درمیان اپنے سامان کی فروخت کو
حیرت انگیز طور پر بڑھانے کے لئے پیش کیا جاتا ہے

Y por su parte, el socialismo alemán reconocía, cada vez más,
su propia vocación

اور اپنی طرف سے ، جرمن سوشلزم نے ، زیادہ سے زیادہ ، اپنی ہی
کال کو تسلیم کیا۔

estaba llamado a ser el grandilocuente representante de la
pequeña burguesía filistea

اسے پیٹی بورژوازی فلسطینیوں کا بمباسٹک نمائندہ کہا جاتا تھا۔

Proclamaba que la nación alemana era la nación modelo, y que el pequeño filisteo alemán era el hombre modelo

اس نے جرمن قوم کو ماڈل قوم قرار دیا، اور جرمن پیٹی فلسطینی کو ماڈل مین قرار دیا۔

A cada maldad malvada de este hombre modelo le daba una interpretación socialista oculta y superior

اس ماڈل انسان کے ہر ولن کو اس نے ایک پوشیدہ، اعلیٰ، سوشلسٹ تشریح دی۔

esta interpretación socialista superior era exactamente lo contrario de su carácter real

یہ اعلیٰ، سوشلسٹ تشریح اس کے حقیقی کردار کے بالکل برعکس تھی۔

Llegó al extremo de oponerse directamente a la tendencia "brutalmente destructiva" del comunismo

یہ کمیونزم کے "وحشیانہ تباہ کن "رجحان کی براہ راست مخالفت کرنے کی انتہائی حد تک چلا گیا۔

y proclamó su supremo e imparcial desprecio de todas las luchas de clases

اور اس نے تمام طبقاتی جدوجہد کی اپنی اعلیٰ اور غیر جانبدارانہ توبین کا اعلان کیا۔

Con muy pocas excepciones, todas las publicaciones llamadas socialistas y comunistas que ahora (1847) circulan en Alemania pertenecen al dominio de esta literatura sucia y enervante

بہت کم مستثنیات کو چھوڑ کر، جرمنی میں اب)1847 (گردش کرنے والی تمام نام نہاد سوشلسٹ اور کمیونسٹ اشاعتیں اس فضول اور مضحکہ خیز ادب کے دائرہ کار سے تعلق رکھتی ہیں۔

2) Socialismo conservador o socialismo burgués

2) قدامت پسند سوشلزم، یا بورژوازی سوشلزم

Una parte de la burguesía está deseosa de reparar los agravios sociales

بورژوازی کا ایک حصہ سماجی شکایات کے ازالے کا خواہاں ہے۔

con el fin de asegurar la continuidad de la sociedad burguesa

بورژوازی معاشرے کے مسلسل وجود کو محفوظ بنانے کے لئے

A esta sección pertenecen economistas, filántropos, humanistas

اس حصے میں ماہرین معاشیات، مخیر حضرات، انسان دوست افراد شامل ہیں۔

mejoradores de la condición de la clase obrera y organizadores de la caridad

محنت کش طبقے کی حالت کو بہتر بنانے والے اور خیرات کے منتظمین

Miembros de las Sociedades para la Prevención de la Crueldad contra los Animales

جانوروں پر ظلم کی روک تھام کے لئے سوسائٹیوں کے ارکان

fanáticos de la templanza, reformadores de todo tipo imaginable

تذبذب کے جنونی، ہر قسم کے مصلحین

Esta forma de socialismo, además, ha sido elaborada en sistemas completos

اس کے علاوہ سوشلزم کی اس شکل کو مکمل نظام وں میں ڈھال دیا گیا ہے۔

Podemos citar la "Philosophie de la Misère" de Proudhon como ejemplo de esta forma

ہم اس شکل کی ایک مثال کے طور پر پراوڈن کے "فلسفے ڈی لا میسر" کا حوالہ دے سکتے ہیں۔

La burguesía socialista quiere todas las ventajas de las condiciones sociales modernas

سوشلسٹ بورژوازی جدید سماجی حالات کے تمام فوائد چاہتی ہے

pero la burguesía socialista no quiere necesariamente las luchas y los peligros resultantes

لیکن سوشلسٹ بورژوازی لازمی طور پر اس کے نتیجے میں ہونے
والی جدوجہد اور خطرات نہیں چاہتے ہیں۔

Desean el estado actual de la sociedad, menos sus elementos
revolucionarios y desintegradores

وہ معاشرے کی موجودہ حالت چاہتے ہیں، اس کے انقلابی اور منتشر
عناصر کو چھوڑ کر

en otras palabras, desean una burguesía sin proletariado

دوسرے لفظوں میں، وہ پرولتاریہ کے بغیر بورژوازی چاہتے ہیں

La burguesía concibe naturalmente el mundo en el que es
supremo ser el mejor

بورژوازی فطری طور پر اس دنیا کا تصور کرتی ہے جس میں بہترین
ہونا سب سے اوپر ہے۔

y el socialismo burgués desarrolla esta cómoda concepción
en varios sistemas más o menos completos

اور بورژوازی سوشلزم اس آرام دہ تصور کو کم و بیش مکمل نظاموں
میں تیار کرتا ہے۔

les gustaría mucho que el proletariado marchara
directamente hacia la Nueva Jerusalén social

وہ بہت پسند کریں گے کہ پرولتاریہ براہ راست نئے سماجی نئے یروشلم کی
طرف مارچ کرے۔

pero en realidad requiere que el proletariado permanezca
dentro de los límites de la sociedad existente

لیکن حقیقت میں اس کے لئے پرولتاریہ کو موجودہ معاشرے کی حدود
میں رہنے کی ضرورت ہے۔

piden al proletariado que abandone todas sus ideas odiosas
sobre la burguesía

وہ پرولتاریہ سے کہتے ہیں کہ بورژوازی کے بارے میں ان کے تمام
نفرت انگیز خیالات کو ترک کر دیا جائے۔

hay una segunda forma más práctica, pero menos
sistemática, de este socialismo

اس سوشلزم کی ایک دوسری زیادہ عملی لیکن کم منظم شکل ہے۔

Esta forma de socialismo buscaba despreciar todo
movimiento revolucionario a los ojos de la clase obrera

سوشلزم کی اس شکل نے محنت کش طبقے کی نظروں میں ہر انقلابی
تحریک کو کمزور کرنے کی کوشش کی۔

Argumentan que ninguna mera reforma política podría ser ventajosa para ellos

ان کا کہنا ہے کہ محض سیاسی اصلاحات سے ان کو کوئی فائدہ نہیں ہو سکتا۔

Sólo un cambio en las condiciones materiales de existencia en las relaciones económicas es beneficioso

معاشی تعلقات میں وجود کے مادی حالات میں تبدیلی ہی فائدہ مند ہے۔

Al igual que el comunismo, esta forma de socialismo aboga por un cambio en las condiciones materiales de existencia

کمیونزم کی طرح ، سوشلزم کی یہ شکل وجود کے مادی حالات میں تبدیلی کی وکالت کرتی ہے۔

sin embargo, esta forma de socialismo no sugiere en modo alguno la abolición de las relaciones de producción burguesas

تاہم ، سوشلزم کی یہ شکل کسی بھی طرح سے بورژوازی کے پیداواری تعلقات کے خاتمے کی تجویز نہیں دیتی ہے۔

la abolición de las relaciones de producción burguesas sólo puede lograrse mediante una revolución

بورژوازی کے پیداواری تعلقات کا خاتمہ صرف انقلاب کے ذریعے ہی حاصل کیا جا سکتا ہے۔

Pero en lugar de una revolución, esta forma de socialismo sugiere reformas administrativas

لیکن انقلاب کے بجائے سوشلزم کی یہ شکل انتظامی اصلاحات تجویز کرتی ہے۔

y estas reformas administrativas se basarían en la continuidad de estas relaciones

اور یہ انتظامی اصلاحات ان تعلقات کے مسلسل وجود پر مبنی ہوں گی۔

reformas, por lo tanto, que no afectan en ningún aspecto a las relaciones entre el capital y el trabajo

لہٰذا ایسی اصلاحات جن سے سرمائے اور محنت کے درمیان تعلقات پر کوئی اثر نہ پڑے۔

en el mejor de los casos, tales reformas disminuyen el costo y simplifican el trabajo administrativo del gobierno burgués

زیادہ سے زیادہ، اس طرح کی اصلاحات لاگت کو کم کرتی ہیں اور بورژوازی حکومت کے انتظامی کام کو آسان بناتی ہیں۔

El socialismo burgués alcanza una expresión adecuada cuando, y sólo cuando, se convierte en una mera figura retórica

بورژوا سوشلزم مناسب اظہار حاصل کرتا ہے، جب، اور صرف اسی وقت، جب، یہ محض تقریر کی ایک شخصیت بن جاتا ہے

Libre comercio: en beneficio de la clase obrera

آزاد تجارت :محنت کش طبقے کے فائدے کے لئے

Deberes protectores: en beneficio de la clase obrera

حفاظتی فرائض :محنت کش طبقے کے فائدے کے لئے

Reforma Penitenciaria: en beneficio de la clase trabajadora

جیل اصلاحات :محنت کش طبقے کے فائدے کے لیے

Esta es la última palabra y la única palabra seria del socialismo burgués

یہ بورژوازی سوشلزم کا آخری لفظ اور واحد سنجیدہ لفظ ہے۔

Se resume en la frase: la burguesía es una burguesía en beneficio de la clase obrera

اس کا خلاصہ اس جملے میں کیا گیا ہے :بورژوازی محنت کش طبقے کے فائدے کے لئے بورژوازی ہے۔

3) Socialismo crítico-utópico y comunismo

تنقیدی یوٹوپیائی سوشلزم اور کمیونزم

No nos referimos aquí a esa literatura que siempre ha dado voz a las reivindicaciones del proletariado

ہم یہاں اس ادب کا ذکر نہیں کرتے جس نے ہمیشہ پرولتاریہ کے مطالبات کو آواز دی ہو۔

esto ha estado presente en todas las grandes revoluciones modernas, como los escritos de Babeuf y otros

یہ ہر عظیم جدید انقلاب میں موجود رہا ہے ، جیسے بابوف اور دیگر کی تحریریں۔

Las primeras tentativas directas del proletariado para alcanzar sus propios fines fracasaron necesariamente

پرولتاریہ کی اپنے مقاصد کے حصول کی پہلی براہ راست کوشش لازمی طور پر ناکام رہی۔

Estos intentos se hicieron en tiempos de excitación universal, cuando la sociedad feudal estaba siendo derrocada

یہ کوششیں عالمگیر جوش و خروش کے دور میں کی گئیں، جب جاگیردارانہ معاشرے کا تختہ الٹا جا رہا تھا۔

El entonces subdesarrollado del proletariado llevó a que fracasaran esos intentos

پرولتاریہ کی اس وقت کی غیر ترقی یافتہ حالت ان کوششوں کو ناکام بنانے کا سبب بنی۔

y fracasaron por la ausencia de las condiciones económicas para su emancipación

اور اس کی آزادی کے لئے معاشی حالات کی عدم موجودگی کی وجہ سے وہ ناکام ہوگئے۔

condiciones que aún no se habían producido, y que sólo podían ser producidas por la inminente época de la burguesía

ایسے حالات جو ابھی تک پیدا نہیں ہوئے تھے، اور صرف آنے والے بورژوازی دور سے پیدا ہوسکتے تھے۔

La literatura revolucionaria que acompañó a estos primeros movimientos del proletariado tuvo necesariamente un carácter reaccionario

پرولتاریہ کی ان پہلی تحریکوں کے ساتھ آنے والا انقلابی ادب لازمی طور پر رجعتی کردار کا حامل تھا۔

Esta literatura inculcó el ascetismo universal y la nivelación social en su forma más cruda

اس لٹریچر نے عالمگیر تشنگی اور سماجی سطح کو اپنی بدترین شکل میں پروان چڑھایا۔

Los sistemas socialista y comunista, propiamente dichos, surgen en el período temprano no desarrollado

سوشلسٹ اور کمیونسٹ نظام، جسے مناسب طور پر کہا جاتا ہے، ابتدائی غیر ترقی یافتہ دور میں وجود میں آیا۔

Saint-Simon, Fourier, Owen y otros, describieron la lucha entre el proletariado y la burguesía (ver sección 1)

سینٹ سائمن، فورئیر، اوون اور دیگر نے پرولتاریہ اور بورژوازی کے درمیان جدوجہد کو بیان کیا)سیکشن 1 دیکھیں(

Los fundadores de estos sistemas ven, en efecto, los antagonismos de clase

ان نظاموں کے بانی درحقیقت طبقاتی دشمنیوں کو دیکھتے ہیں۔

también ven la acción de los elementos en descomposición, en la forma predominante de la sociedad

وہ معاشرے کی مروجہ شکل میں سڑنے والے عناصر کے عمل کو بھی دیکھتے ہیں۔

Pero el proletariado, todavía en su infancia, les ofrece el espectáculo de una clase sin ninguna iniciativa histórica

لیکن پرولتاریہ، جو ابھی اپنے ابتدائی مراحل میں ہے، انہیں ایک ایسے طبقے کا تماشا پیش کرتا ہے جس میں کوئی تاریخی پہل نہیں کی گئی۔

Ven el espectáculo de una clase social sin ningún movimiento político independiente

وہ کسی آزاد سیاسی تحریک کے بغیر ایک سماجی طبقے کا تماشا دیکھتے ہیں۔

El desarrollo del antagonismo de clase sigue el mismo ritmo que el desarrollo de la industria

طبقاتی دشمنی کی ترقی صنعت کی ترقی کے ساتھ بھی مطابقت رکھتی ہے۔

De modo que la situación económica no les ofrece todavía las condiciones materiales para la emancipación del proletariado

لہٰذا معاشی صورت حال ابھی تک انہیں پرولتاریہ کی آزادی کے لیے مادی حالات پیش نہیں کرتی۔

Por lo tanto, buscan una nueva ciencia social, nuevas leyes sociales, que creen estas condiciones

لہٰذا وہ نئے سماجی قوانین کے بعد ایک نئی سماجی سائنس کی تلاش کرتے ہیں ، جو ان حالات کو پیدا کرنے کے لئے ہے۔

acción histórica es ceder a su acción inventiva personal

تاریخی عمل ان کے ذاتی اختراعی عمل کے آگے جھکنا ہے۔

Las condiciones de emancipación creadas históricamente han de ceder ante condiciones fantásticas

تاریخی طور پر تخلیق کردہ آزادی کے حالات حیرت انگیز حالات کے سامنے جھک جاتے ہیں۔

y la organización gradual y espontánea de clase del proletariado debe ceder ante la organización de la sociedad

اور پرولتاریہ کی بتدریج، بے ساختہ طبقاتی تنظیم معاشرے کی تنظیم کے سامنے جھکنا ہے۔

la organización de la sociedad especialmente ideada por estos inventores

معاشرے کی تنظیم جو خاص طور پر ان موجدوں کے ذریعہ تیار کی گئی ہے

La historia futura se resuelve, a sus ojos, en la propaganda y en la realización práctica de sus planes sociales

مستقبل کی تاریخ، ان کی نظر میں، پروپیگنڈے اور ان کے سماجی منصوبوں کو عملی جامہ پہنانے میں خود کو حل کرتی ہے۔

En la formación de sus planes son conscientes de preocuparse principalmente por los intereses de la clase obrera

اپنے منصوبوں کی تشکیل میں وہ بنیادی طور پر محنت کش طبقے کے مفادات کا خیال رکھنے کے بارے میں شعور رکھتے ہیں۔

Sólo desde el punto de vista de ser la clase más sufriente existe el proletariado para ellos

صرف سب سے زیادہ تکلیف دہ طبقہ ہونے کے نقطہ نظر سے پرولتاریہ ان کے لئے موجود ہے۔

El estado subdesarrollado de la lucha de clases y su propio entorno informan sus opiniones

طبقاتی جدوجہد کی غیر ترقی یافتہ حالت اور ان کا اپنا ماحول ان کی رائے سے آگاہ کرتا ہے۔

Los socialistas de este tipo se consideran muy superiores a todos los antagonismos de clase

اس قسم کے سوشلسٹ اپنے آپ کو تمام طبقاتی دشمنیوں سے کہیں زیادہ برتر سمجھتے ہیں۔

Quieren mejorar la condición de todos los miembros de la sociedad, incluso la de los más favorecidos

وہ معاشرے کے ہر فرد کی حالت کو بہتر بنانا چاہتے ہیں، یہاں تک کہ سب سے زیادہ پسندیدہ افراد کی حالت کو بھی۔

De ahí que habitualmente atraigan a la sociedad en general, sin distinción de clase

لہذا، وہ طبقاتی تفریق کے بغیر بڑے پیمانے پر معاشرے کو اپنی طرف راغب کرتے ہیں۔

Es más, apelan a la sociedad en general con preferencia a la clase dominante

نہیں، وہ حکمران طبقے کو ترجیح دے کر بڑے پیمانے پر معاشرے سے اپیل کرتے ہیں۔

Para ellos, todo lo que se requiere es que los demás entiendan su sistema

ان کے لئے، دوسروں کو ان کے نظام کو سمجھنے کی ضرورت ہے

Porque, ¿cómo puede la gente no ver que el mejor plan posible es para el mejor estado posible de la sociedad?

کیونکہ لوگ یہ دیکھنے میں کیسے ناکام ہوسکتے ہیں کہ بہترین ممکنہ منصوبہ معاشرے کی بہترین ممکنہ حالت کے لئے ہے؟

Por lo tanto, rechazan toda acción política, y especialmente toda acción revolucionaria

لہذا وہ تمام سیاسی اور خاص طور پر تمام انقلابی اقدامات کو مسترد کرتے ہیں۔

desean alcanzar sus fines por medios pacíficos

وہ پرامن طریقوں سے اپنے مقاصد حاصل کرنا چاہتے ہیں

se esfuerzan, mediante pequeños experimentos, que están necesariamente condenados al fracaso

وہ چھوٹے تجربات کے ذریعے کوشش کرتے ہیں، جو لازمی طور پر ناکامی کا شکار ہوتے ہیں۔

y con la fuerza del ejemplo tratan de abrir el camino al nuevo Evangelio social

اور مثال کی طاقت سے وہ نئی سماجی انجیل کی راہ ہموار کرنے کی کوشش کرتے ہیں۔

Cuadros tan fantásticos de la sociedad futura, pintados en un momento en que el proletariado se encuentra todavía en un estado muy subdesarrollado

مستقبل کے معاشرے کی ایسی شاندار تصویریں، ایک ایسے وقت میں پینٹ کی گئی ہیں جب پرولتاریہ ابھی بھی بہت غیر ترقی یافتہ حالت میں ہے۔

y todavía no tiene más que una concepción fantástica de su propia posición

اور اس کے پاس اب بھی اپنی حیثیت کے بارے میں ایک حیرت انگیز تصور موجود ہے۔

pero sus primeros anhelos instintivos corresponden a los anhelos del proletariado

لیکن ان کی پہلی جبلی خواہشات پرولتاریہ کی خواہشات سے مطابقت رکھتی ہیں۔

Ambos anhelan una reconstrucción general de la sociedad

دونوں معاشرے کی عمومی تعمیر نو کے خواہاں ہیں

Pero estas publicaciones socialistas y comunistas también contienen un elemento crítico

لیکن ان سوشلسٹ اور کمیونسٹ مطبوعات میں ایک اہم عنصر بھی شامل ہے۔

Atacan todos los principios de la sociedad existente

وہ موجودہ معاشرے کے ہر اصول پر حملہ کرتے ہیں

De ahí que estén llenos de los materiales más valiosos para la ilustración de la clase obrera

لہذا وہ محنت کش طبقے کی روشن خیالی کے لئے سب سے قیمتی مواد سے بھرے ہوئے ہیں۔

Proponen la abolición de la distinción entre la ciudad y el campo, y la familia

وہ شہر اور ملک اور خاندان کے درمیان فرق کو ختم کرنے کی تجویز دیتے ہیں

la supresión de la explotación de industrias por cuenta de los particulares

نجی افراد کے اکاؤنٹ کے لئے صنعتوں کو جاری رکھنے کا خاتمہ

y la abolición del sistema salarial y la proclamación de la armonía social

اور اجرت کے نظام کا خاتمہ اور سماجی ہم آہنگی کا اعلان

la conversión de las funciones del Estado en una mera superintendencia de la producción

ریاست کے افعال کو محض پیداوار کی نگرانی میں تبدیل کرنا

Todas estas propuestas, apuntan únicamente a la desaparición de los antagonismos de clase

یہ تمام تجاویز، صرف طبقاتی دشمنیوں کے غائب ہونے کی طرف اشارہ کرتی ہیں

Los antagonismos de clase estaban, en ese momento, apenas surgiendo

اس وقت طبقاتی دشمنیاں صرف ابھر رہی تھیں۔

En estas publicaciones estos antagonismos de clase se reconocen sólo en sus formas más tempranas, indistintas e indefinidas

ان مطبوعات میں ان طبقاتی دشمنیوں کو ان کی ابتدائی، غیر واضح اور غیر واضح شکلوں میں ہی تسلیم کیا گیا ہے۔

Estas propuestas, por lo tanto, son de carácter puramente utópico

لہٰذا یہ تجاویز خالصتا یوٹوپیائی نوعیت کی ہیں۔

La importancia del socialismo crítico-utópico y del comunismo guarda una relación inversa con el desarrollo histórico

تنقیدی یوٹوپیائی سوشلزم اور کمیونزم کی اہمیت کا تاریخی ترقی سے الٹا تعلق ہے۔

La lucha de clases moderna se desarrollará y continuará tomando forma definitiva

جدید طبقاتی جدوجہد ترقی کرے گی اور یقینی شکل اختیار کرتی رہے گی۔

Esta fantástica posición del concurso perderá todo valor práctico

مقابلے سے یہ شاندار مقام تمام عملی اہمیت کھو دے گا

Estos fantásticos ataques a los antagonismos de clase perderán toda justificación teórica

طبقاتی دشمنیوں پر یہ حیرت انگیز حملے تمام نظریاتی جواز کھو دیں گے۔

Los creadores de estos sistemas fueron, en muchos aspectos, revolucionarios

ان نظاموں کے بانی کئی لحاظ سے انقلابی تھے۔

pero sus discípulos han formado, en todos los casos, meras sectas reaccionarias

لیکن ان کے شاگردوں نے، ہر معاملے میں، محض رجعتی فرقے بنائے ہیں۔

Se aferran firmemente a los puntos de vista originales de sus amos

وہ اپنے آقاؤں کے اصل خیالات کو مضبوطی سے پکڑتے ہیں۔

Pero estos puntos de vista se oponen al desarrollo histórico progresivo del proletariado

لیکن یہ خیالات پرولتاریہ کی ترقی پسند تاریخی ترقی کے مخالف ہیں۔

Por lo tanto, se esfuerzan, y eso de manera consecuente, por amortiguar la lucha de clases

لہٰذا وہ طبقاتی جدوجہد کو ختم کرنے کی مسلسل کوشش کرتے رہتے ہیں۔

y se esfuerzan constantemente por reconciliar los antagonismos de clase

اور وہ طبقاتی دشمنیوں کو یکجا کرنے کی مسلسل کوشش کرتے رہتے ہیں۔

Todavía sueñan con la realización experimental de sus utopías sociales

وہ اب بھی اپنے سماجی یوٹوپیا کے تجرباتی ادراک کا خواب دیکھتے ہیں

todavía sueñan con fundar "falansterios" aislados y establecer "colonias domésticas"

وہ اب بھی الگ تھلگ "فلانسٹر "قائم کرنے اور "ہوم کالونیوں "کے قیام کا خواب دیکھتے ہیں۔

sueñan con establecer una "Pequeña Icaria": ediciones duodécimas de la Nueva Jerusalén

وہ نئے یروشلم کے ڈوڈیسیمو ایڈیشن "لٹل اکیریا "قائم کرنے کا خواب دیکھتے ہیں۔

y sueñan con realizar todos estos castillos en el aire

اور وہ ان تمام قلعوں کو ہوا میں محسوس کرنے کا خواب دیکھتے ہیں

se ven obligados a apelar a los sentimientos y a las carteras
de los burgueses

وہ بورژوا کے جذبات اور پرسوں سے اپیل کرنے پر مجبور ہیں

Poco a poco se hunden en la categoría de los socialistas
conservadores reaccionarios descritos anteriormente

ڈگریوں کے لحاظ سے وہ رجعت پسند قدامت پسند سوشلسٹوں کے
زمرے میں آتے ہیں جن کی تصویر اوپر دی گئی ہے۔

sólo se diferencian de ellos por una pedantería más
sistemática

وہ ان سے صرف زیادہ منظم پیڈنٹری کے ذریعہ مختلف ہیں

y se diferencian por su creencia fanática y supersticiosa en
los efectos milagrosos de su ciencia social

اور وہ اپنی سماجی سائنس کے معجزاتی اثرات کے بارے میں اپنے
جنونی اور توہم پرستی کے عقیدے سے اختلاف رکھتے ہیں۔

Por lo tanto, se oponen violentamente a toda acción política
por parte de la clase obrera

لہٰذا وہ محنت کش طبقے کی طرف سے تمام سیاسی کارروائیوں کی
پرتشدد مخالفت کرتے ہیں۔

tal acción, según ellos, sólo puede ser el resultado de una
ciega incredulidad en el nuevo Evangelio

ان کے مطابق اس طرح کا عمل صرف نئی انجیل پر اندھا کفر کا نتیجہ
ہو سکتا ہے۔

Los owenistas en Inglaterra y los fourieristas en Francia,
respectivamente, se oponen a los cartistas y a los reformistas

انگلستان میں اوونائٹس، اور فرانس میں فوریرسٹ، بالترتیب
چارٹسٹوں اور "ریفرسٹس "کی مخالفت کرتے ہیں۔

Posición de los comunistas en relación con los diversos partidos de oposición existentes

مختلف موجودہ مخالف جماعتوں کے حوالے سے کمیونسٹوں کا موقف

La sección II ha dejado claras las relaciones de los comunistas con los partidos obreros existentes

سیکشن دوم نے کمیونسٹوں کے موجودہ محنت کش طبقے کی جماعتوں کے ساتھ تعلقات کو واضح کر دیا ہے۔

como los cartistas en Inglaterra y los reformadores agrarios en América

جیسے انگلستان میں چاستوں، اور امریکہ میں زرعی اصلاح پسند

Los comunistas luchan por el logro de los objetivos inmediatos

کمیونسٹ فوری مقاصد کے حصول کے لئے لڑتے ہیں

Luchan por la imposición de los intereses momentáneos de la clase obrera

وہ محنت کش طبقے کے عارضی مفادات کے نفاذ کے لئے لڑتے ہیں۔

Pero en el movimiento político del presente, también representan y cuidan el futuro de ese movimiento

لیکن موجودہ سیاسی تحریک میں، وہ اس تحریک کے مستقبل کی نمائندگی اور دیکھ بھال بھی کرتے ہیں۔

En Francia, los comunistas se alían con los socialdemócratas

فرانس میں کمیونسٹ خود کو سوشل ڈیموکریٹس کے ساتھ اتحاد کرتے ہیں

y se posicionan contra la burguesía conservadora y radical

اور وہ خود کو قدامت پسند اور بنیاد پرست بورژوازی کے خلاف کھڑا کرتے ہیں۔

sin embargo, se reservan el derecho de tomar una posición crítica respecto de las frases e ilusiones tradicionalmente transmitidas desde la gran Revolución

تاہم، وہ روایتی طور پر عظیم انقلاب سے دیے گئے جملے اور وہم کے حوالے سے تنقیدی موقف اختیار کرنے کا حق محفوظ رکھتے ہیں۔

En Suiza apoyan a los radicales, sin perder de vista que este partido está formado por elementos antagónicos

سوئٹزرلینڈ میں وہ بنیاد پرستوں کی حمایت کرتے ہیں، اس حقیقت کو نظر انداز کیے بغیر کہ یہ پارٹی مخالف عناصر پر مشتمل ہے۔

en parte de los socialistas democráticos, en el sentido
francés, en parte de la burguesía radical

جزوی طور پر ڈیموکریٹک سوشلسٹ، فرانسیسی معنوں میں، جزوی
طور پر بنیاد پرست بورژوازی کے

En Polonia apoyan al partido que insiste en la revolución
agraria como condición primordial para la emancipación
nacional

پولینڈ میں وہ اس پارٹی کی حمایت کرتے ہیں جو قومی آزادی کی
بنیادی شرط کے طور پر زرعی انقلاب پر زور دیتی ہے۔

el partido que fomentó la insurrección de Cracovia en 1846

وہ جماعت جس نے 1846 میں کریکو کی بغاوت کو ہوا دی

En Alemania luchan con la burguesía cada vez que ésta actúa
de manera revolucionaria

جرمنی میں وہ بورژوازی کے ساتھ لڑتے ہیں جب بھی وہ انقلابی
طریقے سے کام کرتا ہے

contra la monarquía absoluta, la nobleza feudal y la pequeña
burguesía

مطلق العنان بادشاہت، جاگیردارانہ نظام اور پیٹی بورژوازی کے خلاف

Pero no cesan, ni por un solo instante, de inculcar en la clase
obrera una idea particular

لیکن وہ ایک لمحے کے لیے بھی محنت کش طبقے میں ایک خاص
خیال پیدا کرنے سے باز نہیں آتے۔

el reconocimiento más claro posible del antagonismo hostil
entre la burguesía y el proletariado

بورژوازی اور پرولتاریہ کے درمیان دشمنی کی واضح ترین ممکنہ
شناخت

para que los obreros alemanes puedan utilizar
inmediatamente las armas de que disponen

تاکہ جرمن کارکن براہ راست اپنے پاس موجود ہتھیاروں کا استعمال
کرسکیں۔

las condiciones sociales y políticas que la burguesía debe
introducir necesariamente junto con su supremacía

وہ سماجی اور سیاسی حالات جو بورژوازی کو اپنی بالادستی کے ساتھ
لازمی طور پر متعارف کروانا ہوں گے۔

la caída de las clases reaccionarias en Alemania es inevitable

جرمنی میں رجعتی طبقات کا زوال ناگزیر ہے

y entonces la lucha contra la burguesía misma puede
comenzar inmediatamente

اور پھر بورژوازی کے خلاف لڑائی فوری طور پر شروع ہوسکتی
ہے۔

Los comunistas dirigen su atención principalmente a
Alemania, porque este país está en vísperas de una
revolución burguesa

کمیونسٹ وں نے اپنی توجہ بنیادی طور پر جرمنی کی طرف مبذول
کرائی، کیونکہ یہ ملک بورژوازی انقلاب کے موقع پر ہے۔

una revolución que está destinada a llevarse a cabo en las
condiciones más avanzadas de la civilización europea

ایک انقلاب جو یورپی تہذیب کے زیادہ ترقی یافتہ حالات میں انجام دیا
جانا ہے

y está destinado a llevarse a cabo con un proletariado mucho
más desarrollado

اور یہ ایک زیادہ ترقی یافتہ پرولتاریہ کے ساتھ انجام دیا جانا لازمی
ہے

un proletariado más avanzado que el de Inglaterra en el
XVII y el de Francia en el siglo XVIII

سترہویں صدی میں انگلستان اور اٹھارہویں صدی میں فرانس سے
زیادہ ترقی یافتہ پرولتاریہ

y porque la revolución burguesa en Alemania no será más
que el preludio de una revolución proletaria
inmediatamente posterior

اور کیونکہ جرمنی میں بورژوازی انقلاب فوری طور پر پرولتاری
انقلاب کا پیش خیمہ ہوگا۔

En resumen, los comunistas apoyan en todas partes todo
movimiento revolucionario contra el orden social y político
existente

مختصر یہ کہ کمیونسٹ ہر جگہ موجودہ سماجی اور سیاسی نظام کے
خلاف ہر انقلابی تحریک کی حمایت کرتے ہیں۔

En todos estos movimientos ponen en primer plano, como
cuestión principal en cada uno de ellos, la cuestión de la
propiedad

ان تمام تحریکوں میں وہ سامنے لاتے ہیں، ہر ایک میں سب سے اہم
سوال کے طور پر، جائیداد کا سوال۔

no importa cuál sea su grado de desarrollo en ese país en ese momento

اس سے کوئی فرق نہیں پڑتا کہ اس وقت اس ملک میں اس کی ترقی کی سطح کیا ہے۔

Finalmente, trabajan en todas partes por la unión y el acuerdo de los partidos democráticos de todos los países

آخر میں، وہ تمام ممالک کی جمہوری جماعتوں کے اتحاد اور اتفاق کے لئے ہر جگہ محنت کرتے ہیں۔

Los comunistas desdeñan ocultar sus puntos de vista y sus objetivos

کمیونسٹ اپنے خیالات اور مقاصد کو چھپانے سے نفرت کرتے ہیں

Declaran abiertamente que sus fines sólo pueden alcanzarse mediante el derrocamiento por la fuerza de todas las condiciones sociales existentes

وہ کھلے عام اعلان کرتے ہیں کہ ان کے مقاصد صرف موجودہ تمام سماجی حالات کو زبردستی ختم کرکے ہی حاصل کیے جاسکتے ہیں۔

Que las clases dominantes tiemblen ante una revolución comunista

حکمران طبقات کو کمیونسٹ انقلاب پر کانپنے دیں

Los proletarios no tienen nada que perder más que sus cadenas

پرولتاریہ کے پاس کھونے کے لیے کچھ نہیں ہے سوائے ان کی زنجیروں کے

Tienen un mundo que ganar

ان کے پاس جیتنے کے لئے ایک دنیا ہے

¡TRABAJADORES DE TODOS LOS PAÍSES, UNÍOS!

إتمام ممالک کے محنت کش مرد، متحد ہو جاؤ